KB120459

리스크 온 리스크 오프,

# Risk ON Risk OFF
# 경제신호등을 지켜라

이 도서의 국립중앙도서관 출판시도서목록(CIP)은 서지정보유통지원시스템 홈페이지(http://seoji.nl.go.kr)와 국가자료공동목록시스템(http://www.nl.go.kr/kolisnet)에서 이용하실 수 있습니다. (CIP제어번호 : CIP2013025739)

리스크 온 리스크 오프,

# Risk ON Risk OFF
# 경제신호등을 지켜라

| 한광덕 지음 |

한울
아카데미

## 차례

# 서문

행운의 숫자 '7'은 재정위기가 몰아친 유로존에는 공포의 신호로 다가왔다. 국채 금리(10년물)가 7%를 넘어선 그리스(2010년 5월), 아일랜드(2010년 11월), 포르투갈(2011년 4월)이 차례로 구제금융을 신청했기 때문이다. 이후 이탈리아와 스페인의 금리도 마의 7%선을 넘나들며 세계를 긴장시켰다.

하지만 미국은 달랐다. 2011년 7월 말 신용등급 하향으로 금리가 치솟을 것이라는 예상을 비웃듯 '미국 국채의 역설' 현상이 나타났다. 이렇듯 지구촌 경제의 혈맥인 경제지표는 우리에게 경험법칙(經驗法則)의 파괴를 요구했다.

곧이어 벌어진 세계 금융시장의 폭락은 초유의 미국 신용등급 강등 사태 때문인 것으로 알려졌지만 실은 당시 발표된 미국의 공급관리자협회(ISM: Institute for Supply Management) 제조업지수 급락이 방아쇠를 당긴 것이라는 분석이 설득력을 얻을 정도로 경제지표가 시장에 미치는 영향력은 강력하다.

유동성에 중독된 시장은 끊임없이 정부에 금단현상을 호소하다 여의치 않으면 위협을 마다하지 않는다. 이익을 사유화한 세력이 손실의 사회화를 확정하기 위해 시장 개입을 요구하는 것이다. 시장 언어인 경제지표의 올바른 해석이 중요한 이유다. 하지만 현실 경제와 글로벌 시장은 경제학 교과서나 한국은행 경제통계시스템에 잡히지 않는 다기한 지표들에 좌지우지된다.

미국에서는 고용 현황과 실업률을 미리 가늠할 수 있는 선행지표로 매주 발표되는 실업수당 청구 건수에 주목해왔다. 요즘 스마트한 연구자들은 구글의 '실업수당 신청서' 검색 빈도 추이를 관찰한다. 선행지표의 선행지표를 활용하는 셈이다. 키프로스 구제금융 사태 전후로 전자화폐인 '비트코인(Bitcoin)'의 가치가 오르고 거래가 활발해지면서 유로존의 위험을 반영하는 지표에 '비트코인-유로 환율'을 추가하자는 의견도 나왔다. 시장이 다변할수록 새로운 지표에 대한 갈증은 더욱 커질 것이다.

이 책의 소재는 국내총생산(GDP)도 주식시장도 아니다. 널리 알려진 지표보다는 경제 사이클의 방향성을 비추는 글로벌 경기지표와 금융시장의 위험을 경고하는 신용지표, 그리고 이 두 가지 지표와 투기적 수요가 맞물려 나타나는 원자재시장의 지표를 다뤘다.

경제위기의 상시화로 신용지표의 주목도는 매우 높아졌다. 신용도의 격차를 나타내는 스프레드(spread)는 시장 참가자들의 신뢰도를 드러낸다. 애인과의 거리에 비유하면 이해하기 쉽다. 가까이 붙어 있어야 믿음이 생긴다. 멀리 떨어지면 의심하게 된다. 만나기 힘들 정도로 멀어지면 파국이 온다. 신용 스프레드(Credit Spread)의 팽창과 수축은 부채로 돌려막아 성장하는 금융자본주의의 민낯을 드러낸다고 볼 수 있다.

원자재시장에서 가장 큰 비중을 차지하는 상품은 원유다. 국제유가가 오르면 유동성과 수요가 늘어 경기가 회복된다는 신호로 해석하는 사람이 있다. 반면 유가가 내리면 물가 상승 압력이 낮아지고 기업의 비용 부담이 줄어 경기에 이롭다고 말하는 사람도 있다. 이런 모순에서 보듯이 한 지표 변화의 의미는 전체 경제의 순환 국면과 다른 지표와의 연관성하에서 해석되어야 한다는 어려움이 있다.

경기지표는 미국의 고용지표와 주택지표에 많은 양을 할애했다. 2008년의 글로벌 금융위기의 발화점은 미국의 서브프라임모기지 사태였다. 미국에서 시작된 신용 위기는 은행 위기를 거쳐 유로존의 부채 위기로 옷을 갈아입었고 지금도 세계경제를 침체의 늪에서 놓아주지 않는 바이러스로 살아 있다. 결자해지 차원에서 세계 경기의 회복 가능성을 미국의 주택 지표에 먼저 묻는 것이다. 2008년 금융위기 이후 미국의 일자리 수 감소를 보면 그 파장이 얼마나 컸는지 알 수 있다. 미국의 고용지표는 경기회복을 판단하는 핵심 잣대다.

금융위기 이후 글로벌 시장은 위험에 대한 두려움과 경기에 대한 기대감이라는 두 심리가 부딪히며 엎치락뒤치락해왔다고 볼 수 있다. 시장의 위험이 높아지고 경기침체 우려가 커지면 "안전자산에서 멈춰서라"라는 빨간불(Risk Off)이 켜진다. 시장의 불안이 진정되고 경기회복 기대가 높아지면 "위험자산으로 건너가도 좋다"라는 파란불(Risk On)이 들어온다. 이러한 경제신호등 체계를 구분해 금융시장의 교차로에서 위험에 대비하자는 것이 이 책의 집필 의도다.

글을 쓰면서 주식 투자와의 관련성은 의도적으로 피하려고 했다. 필자가 보기에 특정 지표를 증시의 선행지표라고 단정하기에는 시계열적으로 데이터가 충분하지 않은 경우가 많고, 계량 분석 결과의 일반화가 옳은 것인지 판단하기 어려웠기 때문이다.

새로운 가설이나 데이터를 제시하는 것은 필자의 역량 밖에 있다. 산발적으로 언급된 이론들을 체계적으로 정리한 뒤 시장의 움직임과 결합해 알기 쉽게 전달하는 데 의미를 뒀다.

이 책의 또 다른 목표는 방법론적 측면에서 '블룸버그(Bloomberg) 없이 살아가기'다. 방대한 금융데이터를 제공하는 블룸버그 단말기는 미국 연방준비제도와 재무부 등 세계의 중앙은행과 정부 기관도 사용한다. 경제연구소와 증권사의 리서치 통계와 그래프의 출처도 대부분 이 단말기에서 나온다. 하지만 국내 언론사 가운데 8곳 정도만 이용할 정도로 비싼 사용료를 개인이 감당한다는 것은 불가능에 가깝다. 블룸버그 홈페이지에 들어가도 정작 필요한 자료나 축적된 데이터는 공짜로 보기 어렵다.

그래서 필자는 구글 검색을 통해 무료로 데이터를 얻을 수 있는 사이트가 있는지 찾아 헤맸다. 관련된 리포트와 책도 참고해 지표 항목마다 일부 사이트의 주소를 실을 수 있었다. 처음에는 불편하더라도 원 데이터를 직접 찾아보고 나름 음미해본다면 사고의 자생력이 생기며 새로운 즐거움이 생길 것으로 믿는다. 그렇게 된다면 이 책의 소임은 다한 것이다.

시간 부족으로, 아니 게으름의 소치로 일부 데이터는 연구소와 증권사의 리서치 자료에 의존했음을 밝힌다. 만약 수치에 오류가 있다면 인용한 필자의 책임이다.

무리한 출간 일정임에도 졸고를 받아 수고해주신 도서출판 한울 관계자분들께 각별한 감사의 말씀을 드린다.

# 1
# 신용지표

## 1. 신용 스프레드

국가나 기업은 자금을 조달할 때 채권을 발행하는데, 이때 재정 상태가 좋지 못하면 높은 이율을 제시해야 한다. 돈을 떼일 위험이 크면 채권자는 그만큼 높은 보상을 원하기 때문이다. 이렇게 채권의 금리(rate)에는 발행기관의 위험 수준에 대한 시장의 평가가 녹아 있다.

돈을 빌릴 때 생기는 신용에 따른 비용의 차이를 '신용 스프레드(Credit Spread)'[1]라고 한다.

신용 스프레드는 국가에서 개인까지 신용이 있는 모든 곳에 적용할 수 있다. 좁은 의미로는 위험도가 다른 채권 사이의 금리 차라는 점에서 '금리 스프레드'라고도 부른다. 가장 많이 비교되는 대상은 국채와 회사채다. 이때 신용 스프레드는 상대적으로 위험한 회사채의 이자율에서 안전한 국채의 이자율을 뺀 값이다. 즉, 국채금리에 얹어준 회사채의 가산금리가 되는 것이다.

신용 스프레드를 통해 시장 참가자들의 위험에 대한 태도(두려움의 수준)를 알 수 있다. 경제 위기가 닥치면 기업의 부도 위험에 대한 공포가 커져 회사채 금리가 오르고 국채 금리와의 스프레드가 확대된다. 반대로 경제가 호황기에 진입하면 채무불이행, 즉 디폴트(default) 위험에 대한 걱정이 누그러져 스프레드도 축소된다.

수시로 변화하는 신용 스프레드는 경기의 선행지표로 유용하게 활용된다. 스프레드가 넓어지면 경기가 침체되고, 스프레드가 좁아지면 회복될 것이란 신호로 볼 수 있다. 2008년 미국발 서브프라임모기지(비우량 주택 담보 대출) 사태 이전부터 신용 스프레드가 넓어지기 시작했다. 이 때문에 자금 흐름이 막히면서 세계경제가 공황상태에 빠져들었다. 한국도 경기가 위축되어 그해 12월 3년물 BBB+등급 회사채와 국고채의 신용 스프레드가 639bp[2](=6.39%)로

---

1) '더 넓은 범위로 번지다'란 뜻의 스프레드는 금융 용어로 '차액'을 말한다. 기준이 되는 금리에 덧붙인다는 의미에서 '가산금리'로 번역한다.

〈그림 1-1〉 한국 3년물 국고채와 회사채 금리 비교

단위: %

자료: 한국은행 경제통계시스템.

사상 최고 수준까지 높아졌다.

최근 동양그룹 계열사의 법정관리 같은 신용 사건이 발생해도 스프레드가 벌어진다. 2013년 10월 21일 현재 3년물 국고채 금리는 2.84%인데 비해 BBB-등급 회사채 금리는 8.97%로 그 차이가 6.13%에 이른다.

신용 스프레드는 채권의 신용등급과 만기에 따라 다양하다. 미국은 Baa등급 회사채 금리에서 미국 국채 10년 금리를 뺀 값을 많이 사용한다. 한국의 경우는 BBB-등급 회사채와 국고채 3년 금리

2) 'bp(basis points)'는 국제금융시장에서 금리(수익률)를 나타내는 기본 단위다. 1bp는 0.01%에 해당한다.

를 주로 비교한다. 〈그림 1-1〉은 한국은행 경제통계시스템 홈페이지(http://ecos.bok.or.kr)에 들어가 금리 항목에서 3년물 국고채와 BBB-회사채를 선택해 차트로 만들어본 것이다.[3)]

같은 기관에서 동일한 조건으로 발행한 채권이더라도 만기까지 남아 있는 기간이 달라 발생하는 장단기 금리 차도 금리 스프레드의 하나로 볼 수 있다. 원리금 상환기간이 많이 남아 있을수록 금리가 높게 형성된다. 장단기 금리 차도 경기를 판단하는 지표로 쓰인다. 예를 들어 미국 국채 10년 금리에서 국채 2년 금리를 뺀 스프레드가 높아지면 앞으로 경기가 좋아져 금리가 상승할 것이라고 예상하는 사람이 많다는 것을 의미한다.

**☞ 금리에 관한 더 많은 정보는 …**

· 한국
금융투자협회 채권정보센터(http://www.kofiabond.or.kr/)
한국은행 경제통계시스템(http://ecos.bok.or.kr/)

---

3) 한국은행 경제통계시스템 홈페이지 주제별 검색 중 '4.금리' 항목으로 들어가 '4.1.2 시장금리(월, 분기, 년)' 항목을 클릭하면 다양한 채권 이름이 나온다. 금리를 비교하고 싶은 채권을 골라 복수로 체크한 뒤 검색기간을 설정해 조회와 차트를 차례로 클릭하면 시기별 그래프가 나온다. 두 그래프 높이의 격차를 스프레드로 보면 된다.

· 미국 세인트루이스 연방준비은행
http://research.stlouisfed.org/fred2/categories/115(국채)
http://research.stlouisfed.org/fred2/categories/32348(회사채)

## 2. TED 스프레드

대표적인 신용 스프레드 중 하나라고 할 수 있는 테드(TED: Treasury Euro-Dollar)는 3개월물 미국 국채(Treasury)와 유로달러(Euro-Dollar) 리보(Libor: London inter-bank offered rates) 간 금리 차를 말한다. TED 스프레드를 이해하기 위해 먼저 리보와 미국 국채에 관해 알아보자.

### 1) 리보

리보는 '런던 은행 간 금리'의 영문명 'London inter-bank offered rates'의 머리글자를 따서 만든 이름이다. 국제금융 거래의 중심인 영국 런던 시장에서 대형은행끼리 1년 이하의 단기자금을 거래할 때 적용하는 국제 기준금리를 말한다. 거래 통화는 파운드가 아닌 유로달러, 즉 유럽 은행에 예치된 미국 달러다.

리보의 역사는 길지 않다. 영국의 금융 빅뱅이 본격적으로 시작된 1986년 도입되었다. 마거릿 대처(Margaret Thatcher) 전 영국 총리가 금융 산업을 키우면서 금리 파생상품의 거래가 활발해졌는데, 그 기준으로 삼기 위해 만든 금리가 리보다. 영국은행연합회(BBA: British Bankers Association)가 매 영업일 오전 11시에 금리를 발표한다. 만기는 하루짜리부터 12개월까지 다양한데 이 가운데 3개월물을 대표 금리로 사용한다.

국제금융시장에서 리보 금리[4]가 기준이 되는 전 세계 자산은 대출 10조 달러, 이자율 스와프 350조 달러 등으로 총 360조 달러(4경 원) 규모다. 이는 2012년 전 세계 국내총생산(GDP) 71.8조 달러의 5배가 넘는 수준으로 그 파급력이 막강하다고 할 수 있다.[5] 우리나라 은행이나 기업이 해외에서 달러를 빌릴 때도 리보를 기준으로 금리가 가산된다. 리보가 움직이면 우리나라 채권 금리도 연동해 변화한다.

리보의 이율도 일반 금리와 마찬가지로 경기가 좋을 때는 자금 수요가 많아져 상승한다.

반대로 경기가 나쁘면 돈을 빌리려는 사람이 줄어 금리가 떨어

4) 리보라는 단어에 금리라는 표현이 포함되어 있긴 하지만 일반적으로 리보 금리로 번역해 사용하기 때문에 이 책에서도 이해의 편의상 리보, 리보 금리를 모두 사용했다.

5) 박승영, 『ProtestersIV』(토러스투자증권, 2012), 1쪽.

진다.

이런 상황과는 다르게 리보 금리가 급등할 때가 있다. 신용 위기가 닥치면 은행 간 자금 조달이 어려워지고 리보 금리가 오른다.

2008년 경기침체에 앞서 떨어졌던 리보 금리는 금융위기가 터지자 가파르게 반등했다. 9월 리먼브러더스가 파산 신청을 하자 6%대를 넘어섰다. 금융기관이 서로 믿지 못함에 따라 국제금융시장에 돈이 돌지 않은 것이다.

이후 리보 금리가 내려간 것도 경기가 나빠져서가 아니라 금융 시스템이 안정을 되찾았기 때문이었다. 각국 중앙은행이 기준금리를 큰 폭으로 인하하자 2009년 3월 리보는 1%대로 급락하며 사상 최저치를 기록하기도 했다. 국제금융시장의 신용 경색이 풀리자 국내 금리도 점차 하향 안정세를 보였다.

그런데 이 과정에서 국제 금융거래의 기준인 리보에 대한 믿음을 송두리째 흔들어놓은 사건이 터졌다. 2008년 세계금융위기의 와중에 은행이 리보 금리를 조작했다는 의혹이 2012년 6월 제기된 것이다. 즉, 리보가 알고 보니 거짓 금리인 '라이보(Lie-bor)'였다는 얘기다.

리보가 조작 논란에 휩싸인 배경을 이해하려면 금리 산정방식을 살펴봐야 한다. 영국은행연합회는 오전 11시 직전에 일정 규모의 자금을 얼마의 금리로 빌릴 수 있는지 8개 이상의 은행에 물은 뒤 그 답변을 취합해 그날의 리보를 산정한다.[6] 문제는 이렇게 산정된 리보가 시장에서 실제로 거래되는 금리가 아니라 은행이 조달 가능할 것이라고 제시한 예상치라는 점이다.

따라서 금리를 보고하는 은행 담당자의 자의적인 판단이 개입될 여지가 생긴다. 또 리보는 극소수의 대형은행만을 조사 대상으로 하기 때문에 이들이 맘만 먹으면 담합해 조작할 수 있는 구조다. 리보 시장은 홍콩상하이은행(HSBC) 등 런던의 5대 은행이 카르텔(cartel)을 형성하는 것으로 알려져 있다. 각국 정부와 중앙은행이 저금리 공조에 나서도 런던의 은행 카르텔이 말을 듣지 않으면 소용없다는 얘기다.

당시 은행들이 제출한 금리와 시장의 실제 금리가 달랐다는 사실이 뒤늦게 드러났다. 영국 금융감독청(FSA: Financial Services Authority) 발표를 보면 영국의 대형은행 바클레이즈(Barclays)는 그들의 금리 파생상품[스와프(Swap), 선물 등] 포지션에 유리하도록 리보 호가를 높게 제시해 부당 이득을 얻었다. 이 은행은 또 조달 금리가 다른 은행보다 높은 것으로 나타나면 은행의 재무상태에 대한 우려가 불거질까봐 실제 조달 가능한 금리보다 20bp 낮춰서 보고

---

6) 달러, 파운드, 유로, 엔, 스위스 프랑 등 5개 통화로 산출된다. 과거에 발표했던 호주 달러, 캐나다 달러, 뉴질랜드 달러, 스웨덴 크로나, 덴마크 크로네는 유동성 부족으로 제외되었다.

하기도 했다.

씨티그룹, HSBC, 스코틀랜드왕립은행(RBS), 스위스 금융그룹 유비에스(UBS) 등의 주요 글로벌 은행이 같은 혐의로 조사를 받았고 벌금을 물었다.

이들 은행에 세간의 비난이 빗발친 이유는 리보가 주택, 자동차 등 소비자 대출의 기준이 되는 중요한 지표 중 하나이기 때문이다. 미국 모기지(주택 담보 대출)와 신용카드 대출의 90%가 리보와 연동되어 있다.

영국 금융시장에 대한 국제적 신뢰가 실추되면서 리보의 주도권은 미국 금융시장으로 넘어간 상태다. 리보라는 이름은 그대로 쓰지만 런던이 아닌 뉴욕의 우량 은행에서 달러를 거래할 때의 금리가 국제금융시장의 기준이 되었다.

우리나라에서도 2012년 7월 은행과 증권사들의 양도성예금증서(CD) 금리 담합 의혹이 제기되어 이에 관한 조사가 이루어졌다.

**☞ 리보에 관한 더 많은 정보는 …**

- http://www.bbalibor.com/rates/historical
- www.economagic.com/libor.htm
- http://www.keb.co.kr

## 2) 미국 국채

국채 금리도 경기를 반영하는 지표 중 하나다. 경기가 확장될 것이라는 기대가 높아지면 금리가 오르고 경기 위축에 대한 우려가 커지면 떨어진다.

또 국가의 부도 위험이 높아지면 국채의 투매현상이 벌어지며 금리가 급등한다. 2011~2012년 유로존 재정위기가 몰아칠 때 이탈리아와 스페인의 10년물 국채 금리는 구제금융 기준선으로 불리는 마의 7%선까지 폭등했다.

하지만 미국 국채는 달랐다. 2011년 8월 미국 재정위기와 신용등급 강등 사태가 있었는데도 금리가 하락하는 '미국 국채의 역설'이 나타났다.

2013년 하반기에도 어김없이 부채한도 증액 문제가 불거졌지만 미국 국채는 여전히 건재하다. 10년물 금리는 10월 21일 기준 2.6% 안팎에서 움직인다. 미국 국채의 최대 채권자는 외국인이다. 미국 재무부의 최근 데이터를 보면 현재 12조 달러 규모인 미국 국채의 약 47%(5조 5,900억 달러)를 해외 투자자가 보유하고 있음을 알 수 있다. 가장 큰손인 중국과 일본은 2013년 들어 보유량을 더 늘렸다.

이 데이터는 이들이 미국 국채를 위기 상황에서 가장 안전하고 유동성이 좋은 자산으로 받아들인다는 것을 보여주는 것인데, 사실 갈아탈 만한 현실적인 대안이 없기 때문이기도 하다.

미국 국채는 만기에 따라 3가지로 나뉜다. 빌(Bills)은 1년 이하, 노트(Notes)는 2~10년, 본드(Bonds)는 10~30년짜리다.

> ☞ **미국 국채 금리에 관한 더 많은 정보는 …**
>
> · 미국 재무부
> http://www.treasury.gov/resource-center/data-chart-center/Pages/index.aspx
> · 미국 연방준비은행
> www.federalreserve.gov/releases/h15/data.htm
> · 세인트루이스 연방준비은행
> http://research.stlouisfed.org/fred2/categories/116

### 3) TED 스프레드의 의미와 추이

TED 스프레드에서 'T'는 미국 재무부가 발행한 단기 채권, ED는 유로달러 리보를 말한다. 스프레드는 높은 것에서 낮은 것을 뺀 수치다. 3개월 만기 리보에서 3개월 미국 국채 금리를 뺀 값이 TED 스프레드로, 국제 단기자금 시장의 사정을 살필 수 있는 대표적인 지표다.

미국 국채 금리는 시장에서 무위험 수익률(Risk Free Rate)의 기준으로 평가된다. 미국 국채는 사실상 부도 위험이 거의 없는 달러 자산이기 때문이다. 미국 정부가 달러를 찍어내거나 세금을 더 걷으면 국채를 갚지 못할 위험이 제로에 가깝다고 보는 것이다.

반면 리보 금리는 앞에서 설명했듯이 런던에 있는 은행끼리 돈을 빌려주면서 서로 얼마나 믿는지를 드러내는 수치다. 따라서 리보에는 달러 이율뿐 아니라 유럽 금융권의 위험도가 더해진다. 그 위험은 만기에 원리금을 떼일 수 있는 '신용 위험'과 만기 이전에 팔기 어려운 '유동성 위험'이다.

따라서 TED 스프레드는 은행 간 자금 거래의 위험이 반영된 금리와 가장 안전한 자산의 금리 간 차이다. 그 차이는 미국 정부에 돈을 빌려줄 때보다 상업은행에 빌려줄 때 이자를 얼마 더 받아야 하는지를 나타낸다.

TED 스프레드가 커진다는 것은 상대적으로 리보가 높아진다거나 미국 국채 금리가 낮아진다는 의미다. 이는 자금 조달 비용이 커지거나 안전자산 선호도가 높아져 달러 자금을 구하기가 어려워졌다는 얘기다. 실제로 달러 자금 사정이 나빠지면 리보는 상승하지만 미국 국채 금리는 상승하지 않거나 하락한다. 은행이 다른 은행에 빌려준 돈을 떼일까봐 걱정하는 국면으로, 금융시장에 신용경색이 일어난다는 신호다. TED 스프레드가 확대되면 경기침체로 이어질 가능성이 높다.

〈그림 1-2〉 TED 스프레드 추이

단위: bp

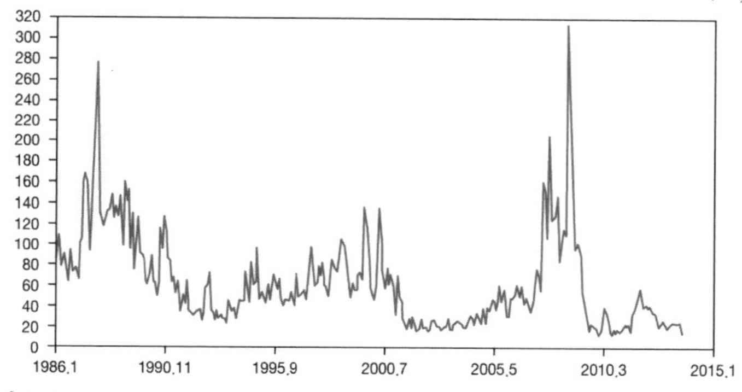


자료: Macrotrends.net.

반대로 TED 스프레드가 축소되는 것은 은행 간에 돈 빌리기가 수월해졌다는 의미다. 유동성 여건이 좋아지면 경기회복으로 이어질 수 있다.

2000년 들어 0.1~0.5% 사이에서 움직이던 TED 스프레드는 글로벌 금융위기 때 급등했다. 미국의 서브프라임모기지 사태가 불거진 2007년 8월 이후에는 0.5%를 넘더니 2008년 9월 리먼브러더스 파산 신청 이후에는 4.6%까지 치솟았다. 은행이 대출을 기피해 리보가 크게 올랐기 때문이다.

미국 정부가 10월에 부실자산구제프로그램(TARP)을 발표하자 TED 스프레드는 2%p 하락했으며 금융시스템이 안정되기 시작한

2009년 하반기에는 0.5%대로 돌아왔다.

유로존 부채 위기가 최고조에 이른 2011년 말 다시 0.5%를 돌파했던 TED 스프레드는 다음 해 유럽중앙은행(ECB)이 1%대의 저금리로 유럽 은행에 3년간 4,890억 유로(약 750조 원)의 돈을 빌려주는 장기대출프로그램(LTRO)과 국채 무제한 매입 프로그램(OMT)을 잇달아 시행하자 0.3%선까지 내려왔다.

☞ **TED 스프레드에 관한 더 많은 정보는 …**

- http://www.macrotrends.net/1447/ted-spread-historical-chart
- http://stockcharts.com/h-sc/ui?s=$ted

## 3. 유리보-OIS 스프레드

유럽 은행 간 단기 금리인 유리보(Euribor: Euro Interbank Offered Rate)와 하루짜리 금리인 오버나이트인덱스스와프(OIS: Overnight Indexed Swap)의 차이를 유리보-OIS 스프레드라고 한다. TED 스프레드와 함께 국제 자금시장의 유동성 위험을 파악하기 위해 활용되는 지표다.

### 1) 유리보

유리보는 리보를 대신하기 위해 만든 단기 기준금리다.

유로화가 도입된 1999년 이후 영국은행연합회의 리보에 맞서 벨기에 브뤼셀에 본부를 둔 유럽은행연합회(EBF: European Banking Federation)가 산하 40여 개 은행이 보고한 금리를 종합해 매일 오전 11시에 발표한다.

만기별로 10가지가 있는데, 리보와 달리 하루짜리가 없는 대신 3주짜리가 있다. 주로 3개월물이 이용된다.

은행들은 유로 금리와 관련된 거래를 할 때 리보와 유리보 중에 하나를 선택할 수 있다.

유리보는 유로화를 사용하는 국가의 3,000여 개 은행에서 기준금리로 삼는 등 리보를 제치고 새로운 유로 표시 기준금리로 자리잡아가고 있다. 하지만 역시 금리 산정 과정에 대한 통제권이 불충분하다는 것이 문제로 지적되었다.

유럽은행연합회는 2012년 4월부터 유로화 외에 달러화 금리를 조사한 미국 달러화 유리보(USD Euribor)를 발표하고 있다. 57개 유럽은행 간 단기 자금 금리를 평균해 산출한다.

☞ **유리보에 관한 더 많은 정보는 …**

- http://www.euribor-ebf.eu/
- http://www.global-rates.com/interest-rates/euribor/euribor.aspx

## 2) OIS

OIS는 은행 간 거래되는 하루짜리 초단기 대출 금리다. OIS의 유로 버전이라고 할 수 있는 오니아(EONIA: Euro OverNight Index Average)는 유로존 은행 간 하루짜리 금리를 말한다.

더 깊이 들어가면 OIS는 하루짜리 변동금리와 고정금리를 일정 기간 교환하는 금리 스와프(IRS: Interest Rate Swap)의 하나다.

금리 스와프란 금융시장에서 두 채무자가 일정기간 원금(상환 의무)은 바꾸지 않은 채 이자(납입 의무), 즉 변동금리와 고정금리의 차이만 바꾸는 거래인데, 이러한 거래를 통해 한쪽은 차입비용을 줄일 수 있다. 단순화해서 예를 들면 3%의 고정금리로 돈을 빌린 갑이 앞으로 금리가 2%대로 내려갈 것으로 예상되면 변동금리로 갈아타는 것이 더 유리하다. 반면 변동금리로 돈을 빌린 을은 금리가 4%대로 오를 것으로 예상하고 빨리 고정금리로 바꾸고 싶어 한다. 이럴 경우 갑과 을은 서로 금리(지급 의무)를 바꾸는 계약을 체

결한다. 계약 기간 중 실제 금리가 2%로 내려가면 갑은 을에게 지급할 2%의 금리와 을로부터 받을 3%의 금리의 차이인 1%의 이자 비용을 아낄 수 있다.

여기서 OIS는 갑에 해당한다. 즉, 우리나라의 콜금리(Call Rate) 같은 하루짜리 변동금리와 교환되는 고정금리(납입의무)라고 할 수 있다. 하루짜리 금리의 교환이지만 계약 기간은 1주일에서 2년까지 정할 수 있다. 계약이 끝나면 변동금리 이자와 고정금리 이자 차액을 정산한다.

### 3) 유리보-OIS 스프레드의 의미와 추이

유리보는 은행 간 단기 유로자금을 빌려줄 때 적용하는 금리로, 리보처럼 원리금을 떼이거나 현금화하기 어려울지도 모른다는 위험이 있다.

반면 OIS는 금리 스와프에서 설명했듯이 원금(상환 의무)은 교환하지 않고 이자(납입 의무)만 교환하므로 이자 손실 위험은 있지만 원금을 떼일 위험은 없는 계약이다.

따라서 유리보에서 유로존의 OIS에 해당하는 오니아를 뺀 값은 유로존 은행의 신용 위험을 나타내는 것으로, 유럽판 TED 스프레드라고 할 수 있다. TED 스프레드처럼 유리보-OIS 스프레드도 3개

〈그림 1-3〉 유리보-OIS 스프레드

단위: %p

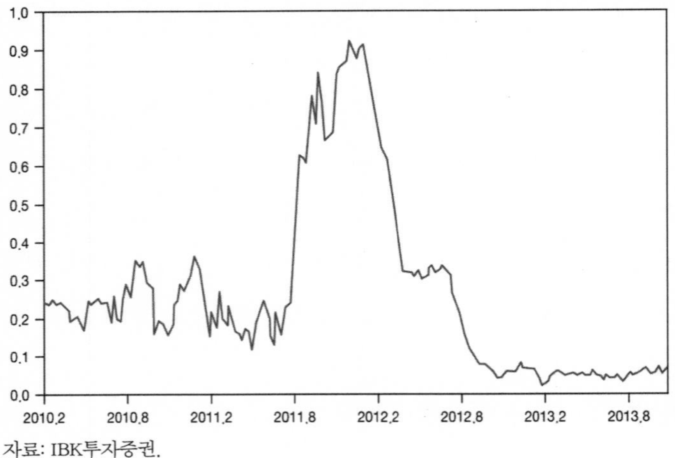


자료: IBK투자증권.

월물을 주로 사용한다.

2011년 유로존 재정위기로 신용 위험 지표인 유리보-OIS 스프레드에 대한 관심이 더욱 커졌다. 단기 자금 시장의 사정이 나빠지면 유리보는 상승하지만 OIS는 큰 변화가 없어 유리보-OIS 스프레드가 커진다. 2011년 9월 재정위기로 자금이 초단기 시장으로 몰리면서 OIS 금리가 떨어졌고 이에 따라 유리보-OIS 스프레드는 큰 폭으로 확대되었다. 3개월물 유리보-OIS 스프레드는 1%까지 상승했다. 이는 신용 경색으로 유럽 은행의 자금 조달 비용이 높아졌다는 것을 의미한다.

반면 유리보-OIS 스프레드의 축소는 유동성 여건이 나아져 자금 조달이 원활해진다는 신호다. 유리보-OIS 스프레드는 통화정책에 민감하게 반응해 중앙은행의 유동성 공급 정책이 발표되면 뚜렷하게 하락하는 모습을 보인다. 2011년 11월 30일 미국 연방준비은행이 달러 조달 금리를 'OIS+50bp(0.5%)'로 50bp 인하하자 유럽의 단기 시장금리는 하락했다. 이날 유럽, 영국 등 6개국의 중앙은행이 달러 조달 비용을 인하하는 계약에 합의한 것도 영향을 끼쳤다.

OIS 스프레드는 유리보 대신 리보를 쓰기도 한다. 리보-OIS 스프레드 역시 국제 단기자금시장의 유동성을 나타내며 1개월이나 3개월물을 기준으로 한다.

리보-OIS 스프레드는 미국의 서브프라임모기지 사태가 불거진 2007년 8월 이후 0.5%를 웃돌기 시작했으며 2008년 리먼브러더스 파산 신청 직후에는 3.6%까지 치솟았다.

앞에서 언급한 두 가지 OIS 스프레드는 비슷한 추이를 보이지만 유로존 위기에서는 성격상 유리보-OIS 스프레드가 민감하게 반응하는 것으로 나타났다.[7] 유로존의 분열 위험이 고조된 2011년 말~2012년 초 리보-OIS 스프레드는 0.5%를 상회하는 데 그쳤지만

7) 김진성 외, 『글로벌 금융경제』(우리금융경영연구소, 2013), 13쪽.

유리보-OIS 스프레드는 한때 1%를 웃돌았다.

☞ **유리보-OIS 스프레드에 관한 더 많은 정보는 …**

- http://www.forex-profiteer.com/EURstress/EURIBOR-EONIA
- http://euriborois.rutherfordfinancial.eu/5yr

## 4. EMBI+ 스프레드와 MRI

### 1) EMBI+ 스프레드

신흥국채권지수(EMBI+) 스프레드는 선진국과 신흥국의 신용 위험 차이를 통해 안전자산 선호도를 파악하는 지표다. 신흥국 시장 채권 수익률 지수에서 선진국 시장 채권 수익률 지수를 뺀 값으로 미국의 투자은행 JP모건(JP morgan)이 작성한다.

상대적으로 신흥국의 채권은 위험자산으로 인식되고 선진국 채권은 안전자산으로 분류되어 두 지수의 차이는 시장의 위험에 대한 태도를 반영한다. 위험자산에 대한 선호가 높아지면 신흥국 채권에 대한 매수가 늘어 금리가 내려가면서 선진국 채권과의 금리

〈그림 1-4〉 EMBI+ 추이

단위: bp

자료: JP Morgan.

차가 줄어든다. 반대로 안전자산 선호 현상이 강해지면 금리 차가 확대된다.

EMBI+ 스프레드는 선진국 채권 금리에 더해지는 신흥국 채권의 가산금리로 볼 수 있다. 가산금리가 높아진다는 것은 신흥시장의 위험자산을 기피하는 분위기가 강하다는 얘기다.

미국과 일본 등의 선진국이 자국의 국채를 매입하는 양적 완화[8]를 시행해 글로벌 유동성이 풍부해지면 EMBI+ 스프레드는 축소된

8) 중앙은행이 국채와 모기지 증권을 사들여 시중에 돈을 푸는 것을 말한다.

다. 유동자금이 신흥국으로 유입되면서 채권을 사들이기 때문이다. EMBI+ 스프레드는 외국인이 아시아 신흥시장을 바라보는 중요한 잣대이기도 하다. 스프레드가 축소되면 아시아 시장에서 외국인의 증권 순매수 규모는 늘어나는 경향을 보인다.

EMBI+ 스프레드를 통해 글로벌 채권시장의 자금 흐름은 물론 주식 시장의 방향성도 가늠해볼 수 있다. 스프레드가 줄어들면 주가가 반등하는 경우가 많다.

2002년 하반기부터 축소되기 시작했던 EMBI+ 스프레드의 방향은 서브프라임모기지 사태가 불거진 2007년부터 바뀌기 시작했다. 2008년 10월 28일 EMBI+ 스프레드는 782bp(=7.82%)로 치솟았다. 미국 등 주요 선진국의 국채 금리는 하락세를 보인 반면 신흥국의 국채 금리는 폭등했기 때문이다.

신흥국 채권지수 구성에서 높은 비중을 차지하는 브라질의 국채(5년물) 금리는 10월 초 14.14%에서 28일 19%로, 터키 국채(3년물) 금리는 19%에서 26.7%로 급등했다.[9] 신흥국의 유동성 위기를 우려한 외국인들이 채권 투매에 나섰기 때문이다. 2009년에도 신용 경색이 해소되지 못하면서 EMBI+ 스프레드는 높은 수준을 유지했다.

---

9) 염상훈, 『EMBI+ 스프레드 급등에 관하여』(SK증권, 2008), 6쪽.

한국증권학회의 연구 자료를 보면 아시아 지역의 EMBI+ 스프레드[10)]는 2008년 글로벌 금융위기 때보다 1997년 아시아 외환위기 때 훨씬 높았다. 2008년 11월은 평균 642bp, 1998년 8월은 873bp를 기록했다. 1997년 외환위기는 영구적 충격이라 할 수 있는 아시아 경제의 구조적인 취약성 때문에 일어난 데 반해, 2008년의 글로벌 위기는 미국에서 비롯된 신용경색 같은 일시적인 위험 전이의 영향을 받았기 때문인 것으로 분석되었다.[11)]

☞ **EMBI+ 스프레드에 관한 더 많은 정보는 …**

- www.jpmorgan.com/pages/jpmorgan/investbk/solutions/research/EMBI
- http://cbonds.com/indexes/indexdetail/?group_id=1

---

10) 한국, 중국, 태국, 필리핀, 베트남, 말레이시아, 인도네시아, 인도, 파키스탄 등 9개국의 국채 수익률에서 미국의 10년 만기 국채 수익률을 차감한 값을 각국의 채권시가에 대하여 가중 평균해 산출한다.

11) 김권식·김병준, 『금융위기와 신흥국 채권 스프레드의 과잉반응』(한국증권학회, 2010), 5쪽.

## 2) 경기위험지수

경기위험지수(MRI: Citi Macro Risk Index)는 글로벌 금융시장의 위험 수준을 종합적으로 측정하기 위해 개발되었다. 신흥국 부채 스프레드(emerging market sovereign spreads), 미국 신용 스프레드(US credit spreads), 달러 스와프 스프레드(US swap spreads), 외환(implied FX), 주식 및 선물·현물 환율 변동성(equity and swap rate volatility) 등을 평균해 글로벌 위험도를 계량화했다.

MRI는 0~1 사이 값을 갖는데, 0에 가까울수록 위험 회피 성향이 낮아지고 1에 가까울수록 위험 회피 성향이 높아진다. 다시 말해 위험이 극단적으로 낮을 때 0에 근접하고 위험이 고조되어 투자심리가 위축될 때 1에 근접한다.

MRI가 낮아지면 주식과 원자재 같은 위험자산이 강세를 띠고 선진국보다는 신흥국 증시의 수익률이 상대적으로 높게 나타난다.

2011년 8월 초 미국 신용등급 강등 이후 두 달 가까이 MRI는 0.9 이상에서 고공행진을 지속했다. 2012년 6월 초에는 유로존 신용위험으로 MRI가 0.95를 기록해 역대 최고 수준까지 도달했다. 2012년 9월 3차 양적 완화 발표를 전후해 MRI는 위험이 거의 없는 0.03까지 내려갔다.

국내 코스피는 MRI와 반대로 움직이는 것으로 나타났다. 동양

〈그림 1-5〉 EMBI+ 스프레드와 MRI

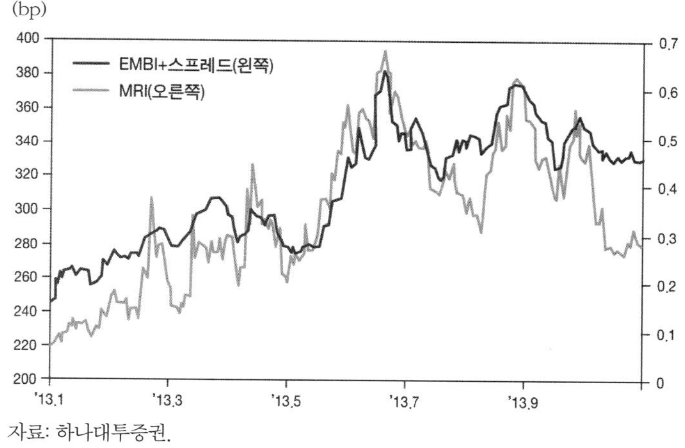


자료: 하나대투증권.

증권이 2000년 이후 코스피의 분기별 등락률과 MRI의 관계를 분석한 결과 -0.81이라는 높은 음의 상관계수를 보였다. MRI가 0.2 이하인 안정 국면에서 코스피는 10.68% 상승했고 MRI가 0.8 이상인 위기 국면에서는 7.1% 하락했다.[12)]

12) 조병현, 『글로벌 리스크 인덱스를 이용한 지수 전망』(동양증권, 2011), 23~25쪽.

### 3) 경기 서프라이즈지수 vs MRI

실제 발표된 경제지표가 시장의 전망치에 얼마나 부합했는지를 나타내는 지표를 경기 서프라이즈지수(Citi Economic Surprise Index)라고 한다. 0보다 높으면 지표가 시장의 예상치를 웃돌았음을 의미한다. 기업으로 따지면 실적 서프라이즈와 같은 개념으로 경기 모멘텀을 파악할 수 있는 지수다.

경기 서프라이즈지수와 MRI의 상대적인 강도를 통해 경기 모멘텀과 위험 수준을 확인할 수 있다. 서프라이즈지수에서 MRI를 뺀 스프레드가 커지면 경기 모멘텀에 대한 기대가 위험에 대한 우려에 비해 상대적으로 강하게 나타나고 있음을 말해주는 것이다.

이 스프레드는 글로벌 증시의 방향성에 단서를 주는 지표로 평가된다. 서프라이즈지수가 높아지거나 MRI가 하락하면 증시가 상승하는 경향을 보이는 경우가 많았다.

2008년 금융위기 이후 글로벌 증시는 위험에 대한 두려움과 경기에 대한 기대감이라는 두 변수의 줄다리기로 엎치락뒤치락해왔다고 볼 수 있다. 2011년 하반기에 경기 모멘텀이 약화되고 위험 수준은 높아지면서 두 지수 간 스프레드가 하락했고 글로벌 증시는 약세로 기울었다. 2013년 6월에는 MRI가 하락하면서 두 지수 간 스프레드가 반등해 증시가 상승할 것이라는 예측이 나왔다.

## 5. CDS

### 1) CDS 프리미엄

2008년 금융위기 이후 신용부도스와프(CDS: Credit Default Swap)라는 용어가 자주 등장했다. 안팎으로 금융시장이 불안해질 때마다 '한국의 CDS 프리미엄이 급등해 국가 부도 위험이 높아졌다'라는 식의 다소 과장된 뉴스가 흘러나왔다.

모든 투자 상품에는 수익과 위험이 공존한다. 여기서 위험만 떼어내 쫓아버리고 싶으면 보험에 가입하면 된다. 손실을 보상해주는 상품에 보험료를 내고 가입하면 투자 증권의 신용 위험이 보험회사로 옮겨진다. 나중에 부도나 지급 불능(Failure to pay) 사태가 발생하면 손실액을 지급받을 수 있다. 반면 보험회사는 채무 정상 상환 시 고스란히 수수료 수익을 얻을 수 있다. 투자자산의 이전 없이 신용 위험만 분리해서 거래되는 구조다. 이 보험 상품이 CDS이고 보험료는 프리미엄(premium)에 해당한다.

즉, CDS는 채무 상환이 어려워지는 신용 사건(credit event)[13]이

---

13) 채무불이행, 기업의 파산, 정부의 지급 유예(moratorium), 채무 재조정(restructuring) 등을 말한다. 국제스와프파생상품협회(ISDA)는 신용사건이 지급 불능, 지급 거절(repudiation), 채무 조정(restructuring) 중 한 가

일어났을 때 원금 상환을 보장해주는 대가로 수수료를 주고받는 신용 파생상품이다. CDS 매수자가 주기적으로 지급하는 CDS 프리미엄은 보장된 원금에 대한 연간 수수료의 비율로, 단위는 bp로 표시된다.

CDS 프리미엄은 시장 참여자들이 평가한 위험의 크기라고 볼 수 있다. 프리미엄이 높다는 것은 보장 대상인 준거자산(reference asset)[14]의 채무불이행 위험을 그만큼 크게 본다는 의미다. 생명보험에 가입할 때 나이가 많거나 병력이 있을 경우 보험료가 높아지는 것과 같은 이치라고 할 수 있다. 반대로 준거자산의 프리미엄이 낮게 거래되면 발행기관인 기업이나 국가의 신용 위험이 낮다고 판단한다.

CDS 프리미엄은 채무불이행 가능성이 있는 위험자산의 금리에서 돈 떼일 염려가 없는 안전자산의 금리를 뺀 차이라는 의미에서 CDS 스프레드라고도 한다. 미국 국채의 무위험 수익률에 얹어지는 가산 금리로 보면 되는 것이다. 이런 점에서 신흥국의 CDS 프리미엄은 앞에서 설명한 신흥국 채권의 가산 금리인 EMBI+ 스프

---

지 이상에 해당하는 경우 CDS의 효력이 발생한다고 규정한다. 여기에는 원금의 감액, 지급 연기(만기 연장)도 해당된다.

14) CDS 계약을 통해 원금 보장 대상이 되는 채권이나 대출로, 기초 자산이라고도 한다.

레드와 유사하다고 볼 수 있다.

### 2) 벌거숭이 CDS

CDS는 발행 뒤 준거자산과 분리해 유통시장에서 사고팔 수 있다. 원금 보장이 필요한 위험자산을 보유하지 않은 사람도 CDS를 살 수 있는 것이다. 따라서 부도가 나면 미리 지정된 사람이 보상을 받는 보험과 달리 CDS는 당시 보유자가 원금을 받는다.

예를 들어 준거자산을 보유한 갑이 구입한 CDS를 나중에 을에게 프리미엄을 받고 넘겼다고 하자. 이후 준거자산이 부도가 나면 갑은 손실을 입고 을이 보상을 받아 이익을 챙길 수 있다.

일부 헤지펀드(hedge fund)는 준거자산에 투자하지 않았는데도 채권을 발행한 기업의 신용 상태가 나빠져 해당 CDS의 프리미엄이 오를 것으로 예상되면 CDS를 매수한다. 낮은 프리미엄을 주고 산 뒤 신용 위험이 최고조에 이르는 시점에 프리미엄을 높게 붙여 되팔아 차익을 얻는다. 위험 헤지가 아니라 CDS 프리미엄의 상승을 노린 투기 목적으로 사는 것이다.

이처럼 준거자산을 보유하지 않고 CDS만 거래하는 경우를 '벌거숭이(Naked) CDS'라고 한다. 이 같은 거래는 실제 부도 위험보다 CDS 프리미엄을 부풀려 유로존 재정위기 확산에 적지 않은 영향을 끼친 것으로 알려졌다. 이에 따라 유럽연합(EU)은 2012년부터 유럽 국채를 보유하지 않은 상태의 CDS 투자를 금지했다.

### 3) CDS 지수

개별 CDS는 유동성이 낮고 조건이 다양해 거래하기 쉽지 않다. 거래를 활성화하기 위해 여러 기업의 CDS를 모아 거래조건을 표준화해 CDS 지수(CDS Index)를 만들었다.

대표적인 CDS 지수로는 미국물 중심의 신용부도스와프지수(CDX)와 유럽·아시아 신용부도스와프지수(iTraxx), 부동산 대출 채권과 관련된 자산유동화증권 신용부도스와프종합지수(ABX: A synthetic Index of ABS)가 있다.

CDX에는 투자 적격 등급인 북미 기업의 CDS를 종합한 지수(CDX.NA.IG)와 신흥국 기업의 CDS로 만든 신흥시장 지수(CDX.EM) 등이 있다. 한국의 CDS 지수는 신흥시장 지수에 포함된다. 'CDS IndexCo'가 관리하고 신용 파생상품지수 정보업체인 마르키트(Markit) 그룹이 발표한다.

iTraxx는 유럽과 아시아 기업의 CDS를 분류해 Markit 그룹이 발표한다. 거래가 많은 유럽 기업의 CDS를 기초로 만든 유럽 지수(iTraxx Europe) 등 종류가 다양하다. 한국 지수(iTraxx KOREA)는 일

본을 제외한 아시아의 투자 적격 기업의 CDS를 종합한 아시아 지수(iTraxx Asia)에 포함된다.

한국의 CDS 지수에는 한국 경제에 대한 외국인 투자자의 시각이 담겨 있어 대외 신인도를 측정하는 지표로 활용된다. 이들이 인식하는 한국의 위험도에 따라 한국 CDS 지수와 역외 선물환(NDF) 시장의 원·달러 환율이 움직인다. 한 증권사 조사결과에 따르면 2002년 이후 한국의 CDS 지수와 원·달러 역외 환율의 상관관계는 0.71로 나타났다. 또한 2007년 이후 한국 CDS 지수와 코스피의 상관계수는 -0.75로 나타나 서로 반대로 움직이는 경향이 높은 것으로 조사되었다.[15)]

#### 4) 원화의 원죄

CDS 프리미엄은 정부나 기업 채무의 신용 위험을 나타낸다는 점에서 국제신용평가사들이 매기는 신용등급과 비슷한 의미를 지닌다.

일반적으로 CDS 프리미엄이 1000bp(=10%)를 넘어가면 부도 위험이 높은 상황으로 해석한다. 1,000만 원의 채권을 보유한 투자자

---

15) 김경근, 『한국 CDS Index 제대로 활용하기』(LIG투자증권, 2011), 114~117쪽.

가 원금을 보장 받으려면 연 100만 원의 수수료를 내야 한다는 말이다.

2008년 국제통화기금(IMF)에 구제금융을 신청한 파키스탄, 우크라이나, 아이슬란드의 당시 CDS 프리미엄은 1,000bp를 넘어섰다. 2011년 그리스는 1,500bp 수준이었고, 포르투갈도 700bp에 육박했다.16)

한국의 CDS 프리미엄은 2008년 금융위기 직후 한때 700bp에 육박하기도 했다. 2008년 10월 24일 5년물 CDS 프리미엄은 668bp를 기록했다. 한국 정부가 발행한 국채의 원금을 보장받으려면 연 6.68%(분기별로 1.67%씩)의 수수료를 내야 하는 상황이 된 것이다. 채권 만기 5년간 지불해야 할 총 금액은 원금의 1/3에 달했다. 한국의 부도 위험이 커졌다는 공포를 부추길 만한 수치였다. 2008년 당시 A+등급(피치 기준)이었던 한국의 CDS 프리미엄은 등급이 3단계 낮은 BBB+의 태국과 5단계 아래인 브라질보다 더 높게 형성되었다.17)

잠시 주춤하던 CDS 프리미엄은 2009년 들어 실물 경기침체에 동유럽의 채무불이행 우려가 겹치면서 다시 상승했다. 발트 3국과

---

16) 이승재, 『CDS를 통해 본 프랑스에 대한 우려감』(대신증권, 2011), 1쪽.

17) 이승수, 『한국물 CDS 스프레드, 난장이가 쏘아 올린 작은 공?』(유진투자증권, 2008), 6쪽.

서아시아 국가의 CDS 프리미엄은 1,000bp를 넘었고, 한국 역시 3월에 480bp 수준으로 올라섰다.

2010년 이후에는 재정 부실이 드러난 유로존 국가의 CDS 프리미엄이 급등하기 시작했다. 200bp 아래에서 안정되었던 한국의 CDS 프리미엄은 2011년 9월 23일 뉴욕시장에서 재차 2%를 돌파했다. 당시 남유럽 재정위기 전염이 우려되었던 프랑스의 1.97%보다 높았다. 10월 들어서도 한국의 CDS 프리미엄은 빠른 속도로 상승하면서 프랑스와 격차를 벌려나갔다. 한국을 대표하는 주요 은행들의 CDS도 대부분 250bp 이상을 기록했다.

미국과 유럽에서 불이 났을 때 유난히 한국에서 연기가 많이 나는 현상을 두고 이른바 '낙인 효과' 때문이라는 분석이 많다. 사고 전력이 있는 운전자가 이후 무사고 운전을 하더라도 보험료가 높게 붙는 것처럼 1997년 외환위기로 구제금융을 겪었던 한국에 높은 CDS 프리미엄을 요구한다는 것이다.[18]

CDS 프리미엄은 단기적인 지불능력 측면이 강조되기 때문에 국가의 부도 위험을 종합적으로 판단하기 위해서는 신용등급과 경상수지, 외환보유고 등의 지표를 함께 고려해야 한다.

세계 3대 신용평가사가 한국의 신용등급을 모두 상향 조정한

18) 조용현, 『불안한 CDS와 Divergence 기대 약화』(하나대투증권, 2011), 2쪽.

〈그림 1-6〉 한국과 일본의 CDS(5년물) 스프레드 추이

단위: %

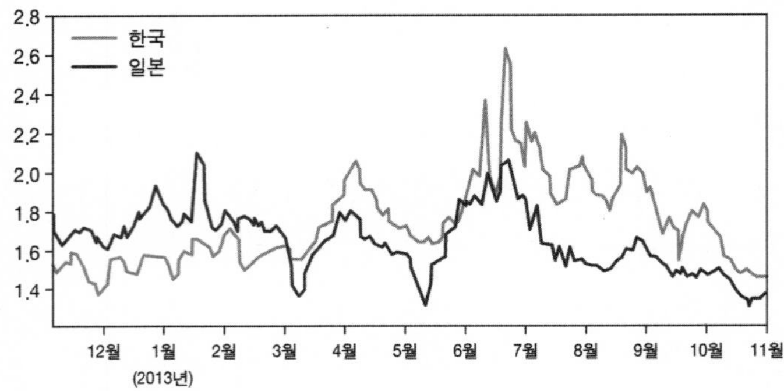


자료: 도이치방크 DB리서치.

2012년 9월 이후 한국의 CDS 프리미엄은 1%를 밑돌며 일본보다 낮아지기도 했다. 일본은 2011년 10월 신용등급이 강등된 이후 CDS 프리미엄이 1%를 상회했다.

미국은 2013년 10월 1일 정부 잠정 폐쇄 이후 CDS 프리미엄이 큰 폭으로 올랐다. 5년물 CDS 프리미엄이 9월 초 19bp에서 10월 4일 46bp로 한 달여 만에 2.4배 상승했다. 특히 1년 만기 CDS 프리미엄은 11bp에서 10월 9일 78bp로 7배나 급등해 역시 부채 증액난항으로 사상 최고치를 기록했던 2011년 7월 말(80bp) 수준에 근접했다. 한국(17bp)의 4.6배에 달했고 브라질(64bp), 태국(43bp), 말레이시아(36bp) 등 일부 신흥국 수준을 웃돌았다.[19] 절대적인 수

치는 낮았지만 미국도 채무불이행 위험에서 자유롭지만은 않다는 것을 보여줬다.

> ☞ CDS 프리미엄에 관한 더 많은 정보는 …
>
> · http://www.dbresearch.com/servlet/reweb2.ReWEB?rwnode=DBR_INTERNET_EN-PROD$EM&rwobj=CDS.calias&rwsite=DBR_IN
> · www.cmavision.com

### 5) ABX

채권이나 대출을 담보로 발행된 자산유동화증권(ABS: Asset-Backed Securities)[20]의 원금을 보장해주는 CDS 지수를 ABX라고 한다. CDX처럼 CDS IndexCo가 작성하고 Markit 그룹이 발표한다.

미국의 모기지(mortgage) 업체들은 가계에 돈을 빌려주고 이 대출 채권을 대형 투자은행에 팔았다. 투자은행은 이 모기지를 묶어

19) 김윤경·윤인구, 『최근 미 CDS 급등 배경 및 시사점』(국제금융센터, 2013), 2쪽.

20) ABS는 자산(Asset)을 담보로(Backed) 발행되는 증권(Securities)이다. 유동성이 떨어지는 부실채권이나 직접 매각하기 어려운 부동산을 담보로 맡기고 유동화증권을 발행해 자금을 조달한다.

ABS의 하나인 주택저당증권(MBS: Mortgage-Backed Securities)[21]을 만들어 헤지펀드나 투자자들에게 판다. 주택저당증권을 산 투자자는 부도가 날 경우 원금을 대신 상환받기 위해 수수료를 내고 ABX를 산다.

대표적인 ABX는 주택저당증권 신용부도스와프지수[ABX.HE (Home Equity)]로, 주택담보대출을 묶은 주택저당증권에 대한 CDS 지수다. 주택저당증권을 준거자산으로 한다는 점에서 부동산 경기를 반영하고, 채무불이행 위험을 떠안아주는 CDS라는 점에서 신용 시장의 상황을 나타낸다. ABX를 통해 2008년 미국발 금융위기를 초래한 부동산과 신용 위험을 동시에 파악할 수 있는 것이다.

시장에서 실제 거래되는 ABX.HE는 서브프라임모기지 증권 20개의 CDS를 묶어 지수로 구성한 것이다. ABX는 주택저당증권의 신용등급을 5가지(AAA, AA, A, BBB, BBB-)로 나누고 설정 시기를 상반기와 하반기로 구분한다. 예를 들어 'ABX.HE.AAA 07-2'은 2007년 하반기(07-2)에 AAA 등급을 받은 서브프라임모기지 증권 20개를 기초 자산으로 한 지수를 말한다.

ABX의 값은 앞의 iTraxx 및 CDX와 달리 100에서 모기지 담보증권의 CDS 프리미엄을 뺀 수치란 점에 유의해야 한다. 따라서

---

21) 집 담보 대출 채권을 근거로 해 금융기관이 발행하는 증권이며, 모기지담보증권이라고도 한다.

ABX가 상승하면 모기지 담보 증권의 신용 위험이 낮아지는 것으로, 그만큼 부동산 경기가 나아지고 있다는 것을 의미한다. 반대로 ABX가 하락하면 시장 참여자들이 주택 경기가 나빠질 것으로 우려한다는 얘기다.

2008년 금리가 오르고 부동산 거품이 터지자 서브프라임모기지 담보증권이 부실해지면서 이 채권을 보증하고 거래를 촉진해온 ABX로 뇌관이 옮겨 붙었다. 'ABX.HE.AAA'는 2008년 11월 20일 28.45로 저점을 기록했다. ABX의 급락은 주택 대출 연체율이 높아지고 주택 파생상품 시장의 신용 위험이 매우 커졌음을 드러내는 것이었다. 이후 미국 정부의 모기지 채권 보증, 금리 인하 등으로 사태가 진정되는 듯했지만 2009년 2월 미국 상업은행들의 부실이 불거지며 다시 30선 아래로 내려갔다. 이보다 등급이 낮은 'ABX.HE.BBB'는 더 가파른 하락세를 이어갔다. 미국 연방준비제도(Fed)의 양적 완화 시행 이후 완만한 회복세를 보이던 ABX.HE 지수는 2011년 유럽재정위기 여파로 재차 급락했다.

☞ **ABX에 관한 더 많은 정보는 …**

- http://www.markit.com/en/products/data/indices/structured-finance-indices/abx/abx-prices.page?

# 2
# 원자재지표

## 1. CRB지수

### 1) 원자재와 CRB

원자재는 기업이 제품을 생산하는 데 필요한 원재료로 금융시장에서는 상품이라고도 부른다. 원자재는 크게 옥수수·콩 등의 농산물, 원유·천연가스 등의 에너지, 구리·알루미늄 등의 비철금속, 금·은 등의 귀금속으로 나뉜다.

농산물의 경우 소비 규모는 일 년 내내 별다른 변화가 없지만 생산량은 계절에 큰 영향을 받는다. 에너지 생산량은 전쟁과 같은 비상상황을 제외하면 변화가 적은 편이지만 소비량은 계절을 많이 탄다. 그래서 농산물가격은 공급의 변화에 좌우되고, 에너지가격은 수요에 영향을 받는 경우가 많다. 금속가격은 주로 경기에 대한 전망이 바뀔 때 출렁거린다.

이렇게 복잡다단한 원자재의 시세를 전반적으로 파악하기 위해 지수를 만들었다. 가장 대표적인 것이 톰슨로이터·제프리 CRB지수(TR/J CRB: Thomson Reuters-Jefferies CRB Index)인데, 줄여서 'CRB (Commodity Research Bureau)지수'라고 부른다. 이 지수를 만든 국제 원자재가격 조사회사인 CRB사의 이름을 딴 것이다.

1956년부터 발표되기 시작한 가장 오래된 원자재지수로, 언론에서 많이 인용하는 국제 기준이다. 1967년을 기준 시점(=100)으로 삼아 매일 발표된다.

CRB지수는 19개의 주요 원자재 선물가격으로 산출된다.[1)] 처음에는 모든 품목에 동일한 비중을 뒀으나 원자재시장을 잘 반영하지 못한다는 비판이 나오자 경제적 효용에 따라 원자재별로 가중치를 부여하는 방식으로 개편되었다.

---

1) CRB 현물지수도 있다. 에너지, 농산물, 식품, 금속 등 23개 품목으로 구성되어 있으며 선물지수와는 달리 가중치를 두지 않고 현물가격을 산술평균한다.

〈표 2-1〉 CRB지수 품목과 비중

| 분류 | 품목 | 비중(%) |
|---|---|---|
| 농축산물 | 옥수수(Corn) | 6 |
| | 콩(Soybeans) | 6 |
| | 생우(Live Cattle) | 6 |
| | 설탕(Sugar) | 5 |
| | 면(Cotton) | 5 |
| | 커피(Coffee) | 5 |
| | 코코아(Cocoa) | 5 |
| | 밀(Wheat) | 1 |
| | 돼지고기(Lean Hogs) | 1 |
| | 오렌지주스(Orange Juice) | 1 |
| | 계 | 41 |
| 에너지 | WTI | 23 |
| | 천연가스(Natural Gas) | 6 |
| | 난방유(Heating Oil) | 5 |
| | 가솔린(RBOB Gasoline) | 5 |
| | 계 | 39 |
| 비철금속 | 금(Gold) | 6 |
| | 구리(Copper) | 6 |
| | 알루미늄(Aluminum) | 6 |
| | 은(Silver) | 1 |
| | 니켈(Nickel) | 1 |
| | 계 | 20 |

자료: Thomson Reuters-Jefferies CRB Index 재구성.

옥수수·콩 등 농축산물의 비중이 41%로 가장 높고, 서부텍사스산원유(WTI: West Texas Intermediate)·천연가스 등의 에너지가 39%, 금·구리 등 비철금속이 20%로 구성되어 있다. 농축산물의 비중이 높아 기후 변화에 크게 영향을 받는다는 것이 단점이다. 농산물은 홍수나 한파 등 기상이변이 일어나면 생산이 감소해 가격이 크게 오른다.

원유는 원자재지수에서 가장 높은 비중을 차지하는데, CRB지수의 경우 WTI 비중이 전체의 21.1%에 이른다.

### 2) 주요 국제 원자재지수

CRB지수와 더불어 스탠더드앤드푸어스(S&P) 골드만삭스 원자재지수(S&P GSCI: S&P Goldman Sachs Commodity Index), 로저스 원자재지수(RICI: Rogers International Commodity Index)를 3대 국제 원자재지수로 꼽는다. 지수별로 구성 품목과 가중치가 다르다.

S&P 골드만삭스 원자재지수는 미국 투자은행인 골드만삭스(Goldman Sachs)가 1992년부터 발표해왔는데, 2007년 국제신용평가사인 S&P사가 인수했다. 24개 품목으로 구성되어 있으며 최근 5년간 세계 생산량을 기준으로 해마다 가중치를 변경한다. 따라서 생산 규모가 큰 에너지의 비중이 67%로 단연 높다. 기준 시점은 1970년(=100)이다.

로저스 원자재지수는 상품 투자의 귀재로 불리는 짐 로저스(Jim Rogers)가 1998년 개발해 발표했다. 무역 등을 통해 국제적으로 거래가 활발하게 이뤄지는 원자재의 가격 흐름을 효과적으로 반영한다는 점을 이점으로 내세웠다. 구성 품목은 CRB지수의 2배에 가까운 37개로, 에너지의 비중이 44%로 가장 높고 농산물 35%, 산업용 금속 14%, 귀금속 7% 순이다. 기준 시점은 1998년인데 기준 지수는 100이 아닌 1,000이다. 원자재 구성별로 에너지지수, 금속지수, 농산물지수를 구분한다.

이 밖에 국제 원자재지수로는 다우존스-AIG 지수(DJ-AIG: Dow Jones-AIG Commodity Index), 저널오브커머스(JOC: Journal of Commerce)지수, IMF 원자재 월간지수 등이 있다.

### 3) 원자재지수의 의미와 흐름

일반 물가지수는 조사 시점과 발표일 간의 시차가 발생하지만 원자재지수는 매일 에너지, 농산물 등의 가격 흐름을 알려준다. 특히 농산물의 비중이 높은 CRB지수가 오르면 소비자 물가를 자극할 가능성이 높아 이를 '인플레이션지수'라고도 부른다.

원자재지수는 원자재에 투자하는 펀드의 성과를 따질 때 기준 지표로 사용된다. 특히 원자재지수 펀드는 원자재지수의 움직임을 큰 오차 없이 따라가도록 설계되어 있다.

원자재지수는 경기의 선행지표이면서 경기에 상당한 영향을 주는 양면적 성격을 갖는다. 원자재가격 상승은 제품 생산에 필요한 원재료에 대한 수요가 증가한다는 관점에서 제조업 경기가 회복될

〈그림 2-1〉 CRB지수

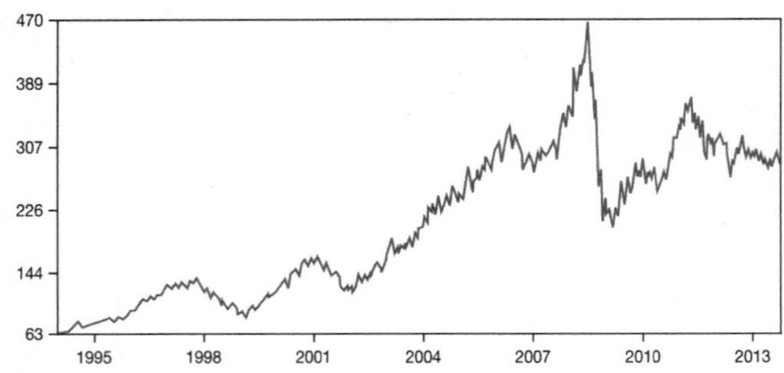


주: 각 연도별 1월 1일 기준.
자료: jefferies.

것이라는 신호로 받아들일 수 있다. 하지만 원자재가격이 과도하게 올라가면 물가 상승을 부추겨 경제에 부메랑으로 돌아온다. 생산원가가 상승해 기업의 수익성이 떨어지고 제품 가격이 인상되어 가계 소비를 위축시킨다. 특히 식품이 소비자물가와 가계 지출에서 차지하는 비중이 높은 신흥국이나 저소득층이 받을 타격이 커진다.

CRB지수는 2000년대 들어 중국 등 신흥국의 높은 경제 성장에 따른 원자재 수요 증가로 상승세를 이어왔다. 2007년 하반기부터 가파르게 오르기 시작한 CRB지수는 2008년 7월 2일 473.52로 사상 최고치를 찍었다. 하지만 글로벌 금융위기가 본격화되면서 불과 6개월만인 2009년 1월 210선으로 50% 넘게 추락했다. 원자재시장의 단기 변동성이 얼마나 극심한지를 잘 보여준 현상이다.

2009년 4분기부터 신흥국 경제가 빠르게 회복되고 중국의 원자재 수요가 살아나면서 원자재지수는 다시 꿈틀거리기 시작했다. 여기에 금융위기 극복을 위해 실시한 저금리와 양적 완화로 부동자금이 원자재시장으로 유입되었다.

2010년 하반기 이후에는 실물 거래와 무관한 투기적 수요가 가세하며 이듬해 상반기까지 원자재가격을 끌어올렸다. 원자재에 대한 직접 투자는 물론 원자재 관련 금융상품으로도 돈이 몰렸다. 원자재지수의 등락을 따르는 펀드에 대한 투자 규모는 2012년에 4,000억 달러를 넘어섰다.[2)]

이 기간 동안 달러화 약세도 원자재가격 상승에 영향을 끼쳤다. 위험자산인 원자재가격은 안전자산인 달러 가치와 반대로 움직이는 경향이 강하다. 금융위기 이후 극에 달했던 시장의 불안감이 진정되면서 주식과 함께 대표적인 위험자산의 하나인 원자재로 자금이 이동한 것이다.

이후 미국의 경기가 점차 회복되면서 달러화 강세로 전환되자 원자재가격은 다시 하락세로 돌아섰다. 2013년 10월 8일 기준 CRB지수는 288선에 머물러 있다.

---

2) 김홍태, 『원자재가격 변동 요인 및 향후 전망』(KB금융지주경영연구소, 2013), 2쪽.

국제투자은행(IB)은 지난 10년간 진행되었던 원자재시장의 '슈퍼 사이클'이 끝났다는 견해를 내놓았다. 재정위기에서 벗어나지 못한 선진국의 경기회복이 쉽지 않은 데다 그동안 원자재가격 상승을 주도해왔던 신흥국의 성장세도 약해졌기 때문이다.

결국 세계 경기가 회복되어야 CRB지수도 다시 탄력을 받을 수 있다. 특히 '원자재의 블랙홀'로 불리는 중국의 실물경제 호전이 필요조건이다.

☞ **원자재지수에 관한 더 많은 정보는 …**

· CRB지수
www.jefferies.com/Commodities/2cc/389
www.bloomberg.com/quote/CRY:IND
www.crbtrader.com/crbindex
www.reuters.com/finance/commodities
· S&P 골드만삭스지수
http://kr.spindices.com/performance-overview/commodities/sp-gsci?indexId
· 로저스 원자재지수
http://www.rogersrawmaterials.com/home.asp
· IMF 주요 원자재가격
http://www.imf.org/external/np/res/commod/index.aspx
· 국제 금속 시세
http://www.kitcometals.com/

## 2. 원자재의 투기적 수요

금융시장에서 거래되는 원자재가격의 변화는 앞에서 설명했듯이 실물에 대한 수요와 투기적인 수요가 함께 만들어낸다.

투자자들은 원자재를 사고팔 때 그 목적을 미국 상품선물거래위원회(CFTC: Commodity Futures Trading Commission)에 신고한다. 상품선물거래위원회는 신고된 자료를 모아 매매 목적별로 순매매(매수-매도) 현황을 매주 「투자자보고서(COT)」를 통해 발표한다.

투자자들의 거래 목적은 크게 상업용(commercial)과 비상업용(non-commercial)으로 구분된다. 상업용은 원자재와 관련된 일에 종사하는 사람들의 거래를 말한다. 업무상 필요와 무관한 비상업용 순매수는 투기적 순매수(Speculative net long position)로 간주된다. 물론 비상업적인 매수로 잡혔다고 이를 모두 투기라고 단정할 수는 없지만 상당수가 원자재 실물과는 관계없이 투기 목적으로 거래해온 관행이 있기 때문에 그러한 의심을 받는 것이다. 실제로 시장에서 투기적 순매수 규모와 원자재가격은 비슷하게 움직이는 경우가 많다. 2008년 뉴욕상업거래소(NYMEX)에서 거래된 원유의 80% 이상이 투기자본에 의한 것이라는 주장도 나온 바 있다.

투기는 원자재뿐 아니라 주식, 채권, 통화 등 다양한 거래에 존재한다. 선물·옵션 등 파생상품 거래를 통해 차익을 노리는 사람들이 있기 때문이다. 그런 점에서 투기적 순매수의 추이는 상품 가격에 관해 투기 세력이 어느 쪽으로 승부를 거는지를 드러낸다고 보면 된다.

☞ **투기적 순매수에 관한 더 많은 정보는 …**

· 미국상품선물거래위원회
http://www.cftc.gov/dea/futures/deaifedsf.htm

## 3. 상품거래소

같은 날, 같은 금 시세인데 신문마다 수치가 다르게 실린 경우가 있다. 동일한 원자재에 만기도 같은 선물이더라도 인용된 국제 시세의 출처가 다르기 때문이다. 원자재는 세계 여러 곳의 상품거래소에서 매매된다.

전통 깊은 대표적인 상품거래소는 뉴욕과 시카고, 런던에 있다. 미국은 세계 최대 파생상품거래소인 시카고상업거래소(CME)를 중심으로 전 세계 원자재시장을 주도한다. CME 그룹은 2007년에 250년의 역사를 가진 시카고상품거래소(CBOT)를 합병한 데 이어 이듬해에는 세계 최대의 선물거래소인 뉴욕상업거래소를 인수했

〈표 2-2〉 세계 주요 상품거래소

| 지역 | 거래소 | 주요 거래 품목 |
| --- | --- | --- |
| 미국 | 시카고상업거래소 | 축산(생우, 돼지고기)및 낙농 |
| | 시카고상품거래소 | 곡물(옥수수, 콩, 밀) |
| | 뉴욕상업거래소 | 에너지(WTI, 휘발유, 난방유)및 귀금속(금, 은) |
| | 뉴욕상품거래소(NYBOT) | 설탕, 커피, 코코아, 원면, 카레, 오렌지주스 |
| 영국 | 런던금속거래소(LME) | 비철금속(구리, 알루미늄, 아연, 납, 주석, 니켈) |
| | 대륙간거래소(ICE) | 에너지[브렌트유(Brent Oil), 가스오일)] |
| | 런던국제금융선물거래소(LIFFE) | 곡물(밀, 설탕) |
| 아시아 | 도쿄상품거래소(TOCOM) | WTI, 천연고무, 백금, 선물 |
| | 상하이선물거래소(SHFE) | 비철금속(구리, 알루미늄, 아연) |

자료: KDB대우증권 리서치센터 재구성.

다. 세계 곡물 거래의 80%가 시카고상품거래소에서 이루어진다. 에너지 관련 원자재의 거래가 활발한 뉴욕상업거래소의 WTI 선물 가격은 국제 원유의 대표 시세로 인용된다. 뉴욕상업거래소 산하에 있는 뉴욕귀금속거래소(COMEX)의 금값은 국제 시세의 기준으로 통한다.

미국 애틀랜타에 본사를 두고 런던에서 원자재 선물거래소를 운영하는 ICE는 농산물이 주로 거래되는 뉴욕상품거래소를 인수했다.

세계 비철금속 거래의 중심지인 LME의 비철금속 가격은 대표적인 국제 시세로 인정받는다.

최근에는 비철금속과 귀금속 분야에서 중국 거래소의 위상이 높아졌다. 1993년 상하이선물거래소, 다롄상품거래소, 정저우상품거래소에서 원자재 선물거래를 시작한 중국은 이제 세계 2위의 상품선물시장으로 발돋움했다. 원자재 파생상품시장에서는 중국 상품거래소의 거래량 비중이 51%를 차지한다. 주요 거래품목은 철근, 구리, 천연고무, 대두박(콩캣묵), 콩기름, 설탕 등이다.[3]

1951년 섬유거래소로 출발한 일본 도쿄상품거래소에서는 현재 에너지, 금속 중심으로 거래가 이루어진다. 1952년 설립된 곡물거래소에서는 옥수수, 콩 등이 거래된다.

☞ **주요 상품거래소에 관한 더 많은 정보는 …**

· 시카고상업거래소
www.cmegroup.com
· 대륙간거래소
www.theice.com
· 런던금속거래소
www.lme.co.uk
· 뉴욕상업거래소
www.nymex.com

---

3) 박환일, 『부상하는 상품시장 현황과 활용방안』(삼성경제연구소, 2011), 4~5쪽.

## 4. 런던금속거래소 재고

런던금속거래소(LME: London Metal Exchange)는 1877년에 설립된 세계 최대 비철금속 거래소다. 구리, 알루미늄, 아연, 납, 주석, 니켈 등 산업용 금속이 거래된다. 이곳에서 거래되는 가격을 'LME 가격'이라 부를 정도로 국제 금속 시세의 기준으로 자리 잡았다. LME가격은 미국과 중국의 산업지표, 발틱운임지수(BDI: Baltic Dry Index) 등과 비슷한 움직임을 나타내 경기지표로도 유용하다. 이 가운데 특히 경기 순환을 잘 짚어내는 구리가격은 세계가 주목하는 지표다.

런던금속거래소에서는 비철금속의 시세와 함께 재고량(London Metal Exchange Inventories)도 매일 발표된다. 재고 규모는 단기적인 수급 상황을 확인하는 지표로 활용될 뿐 아니라 제조업 경기를 내다볼 수 있는 선행지표로도 활용할 수 있다.

일반적으로 재고와 가격은 반대로 움직이는 경향이 있다. 재고 감소는 수요가 늘고 있다는 것으로, 해당 상품의 가격을 밀어 올리는 방향으로 작용한다. 산업용 재료인 금속의 수요가 늘어 재고가 줄어들면 제조업 경기가 살아난다는 신호로 볼 수 있다.

반대로 판매되지 않아 창고에 재고가 쌓이면 상품의 가격이 떨어지고 생산량도 줄어든다. 금속의 수요가 줄어 재고가 많아진다는 것은 제조업 경기가 침체에 빠져들 가능성이 높다는 얘기다.

만약 재고 수준이 높은데도 가격이 올라간다면 산업용 수요와는 무관한 투기자금이 몰려드는 것은 아닌지 의심해봐야 한다.

재고를 통해 경기를 예측하려면 상하이선물거래소가 발표하는 재고 수치를 함께 살펴볼 필요가 있다. 금속의 수요와 가격에 미치는 중국의 영향력이 매우 크기 때문이다.

☞ **금속 재고에 관한 더 많은 정보는 …**

· 런던금속거래소
http://www.lme.co.uk
· 상하이선물거래소
http://www.shfe.com.cn

## 5. 국제 원유의 3대 유종

### 1) 유종별 특성

국제 원유 시장에서 거래되는 3대 유종은 WTI, 북해 브렌트유, 중동 두바이유(Dubai Oil)다.

〈표 2-3〉 3대 유종의 특성과 현황

| | WTI | 브렌트유 | 두바이유 |
|---|---|---|---|
| 생산 지역 | 미국(텍사스) | 북해(영국) | 중동(아랍에미리트) |
| 성질 | 저유황 경질유 | 저유황 경질유 | 고유황 중질유 |
| 하루 생산량 | 약 30만 배럴 | 약 15만 배럴 | 약 4만 5,000배럴 |
| 특징 | · 미국 및 미주권역 가격 지표<br>· 국외 수출 금지<br>· 뉴욕상업거래소에 상장되어 선물거래의 중요성이 부각되면서 거래 비중 증가 | · 유럽과 국제원유 거래의 가격지표<br>· 거래 유동성 풍부 | · 중동 원유거래의 가격 지표<br>· 현물과 선도시장에서 거래<br>· 최근 생산량 감소로 기준 유종 기능이 약화됨 |
| 거래 형태 | 선물, 현물 | 선물, 현물, 선도, 스와프 | 현물, 선도 |

자료: 「석유산업의 이해」(한국석유공사 석유정보센터, 2013), 146쪽.

WTI는 미국 서부 텍사스와 원유의 실물 인수가 이뤄지는 오클라호마(Oklahoma) 주 쿠싱(Cushing) 일대에서 공급된다. 미국 내에서만 소비되고 국제시장으로는 반출되지 않는다. 뉴욕상업거래소에 상장되어 거래가 활발해 국제 유가를 대표한다.

영국 북해 지역에서 생산되는 브렌트유는 런던 ICE에서 거래된다. 유럽과 아프리카 지역 원유 가격의 기준이다.

아랍에미리트에서 생산되는 두바이유는 중동과 아시아 지역의 대표 유종이다. 수출 비중이 높은 아시아 국가와 거리가 멀어 수송 비용을 줄이기 위해 실제 수요가 있는 현물 중심으로 거래한다. 우리나라 원유 수입량의 2/3 이상이 중동산으로, 두바이유 가격이 기준이 된다.

원산지가 다른 3대 유종은 품질에 차이가 있어 가격차가 발생한다. WTI 〉 브렌트유 〉 두바이유 순으로 가격이 높은 것이 일반적이다.

미국석유협회(API: American Petroleum Institue)가 제정한 화학적 석유 비중을 나타내는 API비중이 높고 유황 함유량이 적을수록 정제 비용이 적게 들어 고급 유종으로 간주된다. 보통 API비중이 33도 이상인 것을 경질유(輕質油), 30도 이하인 것을 중질유(重質油)로 분류한다.

WTI는 API비중이 40도인 초경질유로 유황 성분도 0.24%에 불과해 다른 유종보다 가격이 높게 형성된다. 반면 두바이유는 API비중(31도)이 낮고 유황 함유량(2.04%)이 높은 중질유로, 다른 유종보다 품질이 떨어져 낮은 가격에 거래된다. 브렌트유의 품질은 중간 정도로 가격도 그 사이에서 형성된다.

### 2) 가격 역전

2008년 금융위기를 전후해 국제 원유시장에서 유종 간 가격 서열이 무너지기 시작했다.

〈그림 2-2〉 WTI와 브렌트유 가격 추이

단위: 달러

자료: EIA(Energy Information Administration).

브렌트유는 전통적 강세를 보였던 WTI와 2007년부터 어깨를 나란히 하기 시작하다가 2011년 이후 확실하게 우위를 점했다. 가격이 가장 뒤처졌던 두바이유도 2009년부터 격차를 좁혀오더니 2011년 들어 WTI를 제친 뒤 브렌트유를 바짝 추격했다.

WTI의 상대적인 약세로 WTI 〉 브렌트유 〉 두바이유 순서가 브렌트유 〉 두바이유 〉 WTI로 반전된 것이다.

3대 유종의 가격차는 고유한 수급 상황에 따라 변화해왔으며 몇 차례 가격 역전 현상도 발생했다. 하지만 지금처럼 가격 역전이 오래 지속되지는 않았다.

지난 3년간의 가격 역전은 유종마다 다른 소비 지역의 특성이 주요 원인으로 작용했다. 브렌트유는 북·서유럽으로 널리 유통되고 두바이유는 아시아와 동유럽으로 수출된다. 반면 WTI는 일부를 제외하고 수출이 금지되어 있다. 1970년대 석유 파동을 겪으면서 미국은 안정적인 원유 수급을 위해 WTI 수출을 제한했다.

외부 수요가 제한된 WTI 가격은 미국의 경기에 큰 영향을 받았다. 2008년 금융위기의 진원지인 미국은 3차례 양적 완화를 실시해야 할 정도로 경제침체에 빠졌다. WTI 가격이 하락할 수밖에 없었던 배경이다.

미국의 원유 재고량이 급증한 것도 가격 하락의 원인이 되었다. 쿠싱 지역의 재고량은 2011년 3월 사상 최고치를 잇달아 갈아치웠다. 대체 연료인 셰일가스(shale gas)의 생산 증가도 원유 재고가 쌓이는 데 영향을 끼쳤다.

한 유종의 가격이 다른 유종에 비해 낮으면 차익 거래가 들어와 가격차가 줄어든다. 하지만 수출이 금지된 WTI는 차익 거래가 거의 불가능하다.[4]

---

4) 브렌트유와 미국의 경질유인 루이지애나유(Louisiana)의 차익 거래로 가격차가 축소되면 브렌트유와 WTI의 가격차도 줄어들 수 있다고 보는 견해도 있다[오정석, 『국제 원자재시장 동향 및 주요 이슈』(국제금융센터, 2011), 11쪽].

지정학적 리스크가 불거지면 원유 가격이 가파르게 상승한다. 금융위기 이후 유로존의 경제도 나빠졌지만 브렌트유는 중동 지역의 정정(政情) 불안으로 가격이 상승했다. 2010년 4월 WTI 가격을 소폭 추월한 브렌트유는 그해 연말 한 튀니지 청년의 분신으로 촉발된 '재스민 혁명'을 계기로 격차를 벌려나갔다. 브렌트유와 WTI의 가격차(선물 기준)는 이듬해 6월 15일 22.29달러로 벌어지며 사상 최대치를 기록했다.

세계 9위의 석유 매장국인 리비아의 수도가 함락된 2011년 8월까지 브렌트유 가격과 두바이유 가격은 나란히 30%대의 상승률을 나타냈다.[5] 두바이유 못지않게 브렌트유 가격이 오른 것은 북아프리카와 아라비아반도에서 유럽으로 이어지는 석유 수송 관문인 수에즈 운하 주변을 둘러싼 긴장감이 고조되었기 때문이었다. 유럽에 85%를 수출하는 리비아의 저유황 경질유 공급이 차질을 빚은 것도 브렌트유 강세 현상에 영향을 끼쳤다.[6]

같은 기간 WTI 가격은 2.4% 상승해 거의 변동이 없었다. 미국 밖의 사태에 거의 영향을 받지 않은 셈이다.

2007~2008년 WTI보다 배럴당 평균 4~5달러 낮게 거래되던 두

5) 윤영교, 『원유, 금, 구리, 인플레이션 그리고 정책』(IBK투자증권, 2013), 22쪽.
6) 허인·강은정, 『글로벌 금융위기와 최근의 국제유가 변동요인 비교 및 시사점』(대외경제정책연구원, 2011), 7쪽.

〈표 2-4〉 3대 유종 연도별 평균가격

단위: 달러

| 구분 | WTI(선물) | 브렌트유(선물) | 두바이유(현물) |
|---|---|---|---|
| 2004 | 41.43 | 38.18 | 33.64 |
| 2005 | 61.48 | 55.20 | 49.37 |
| 2006 | 69.37 | 66.14 | 61.55 |
| 2007 | 72.43 | 72.66 | 68.43 |
| 2008 | 99.74 | 98.52 | 94.29 |
| 2009 | 62.09 | 62.67 | 61.92 |
| 2010 | 79.61 | 80.35 | 78.13 |
| 2011 | 95.11 | 110.91 | 105.98 |
| 2012 | 94.15 | 111.68 | 109.03 |
| 2013* | 98.38 | 108.54 | 105.00 |

* 11월 6일까지 평균.
자료: 한국석유공사 석유정보센터.

바이유도 2011년 가격 역전에 성공했다. 중동의 정정 불안이라는 지정학적 리스크 외에도 수요의 차이가 두바이유 가격을 밀어 올렸다. 금융위기 이후 신흥국의 경기가 선진국보다 빨리 회복되면서 미국보다 중국·인도 등 아시아의 원유 수요가 상대적으로 많아진 것이다. 이에 따라 세계 석유가격의 대표 유종으로 군림했던 WTI는 품질이 떨어지는 두바이유에도 밀려나는 수모를 겪었다. 2011년 2월 24일 두바이유와 WTI의 가격차는 13.49달러까지 벌어졌다.

2012년에 3대 유종의 배럴당 평균 가격은 브렌트유 111.68달러, 두바이유(현물) 109.03 달러, WTI 94.15달러로 나타났다. 브렌트유와 WTI의 가격차는 17.53달러에 달했다.

2013년 들어서는 WTI가 일시적으로 강세를 보였다. 미국의 경제지표 호전과 원유 재고 감소가 원인으로 꼽힌다. 반면 브렌트유는 유럽의 수요 부진과 공급 안정으로 4월 들어 배럴당 100달러 아래까지 떨어지기도 했다. 7월 초에는 WTI 가격이 두바이유 가격을 웃돌았고, 브렌트유와의 가격차가 한때 1달러 안팎으로까지 줄어들었다.

하지만 WTI는 9월 6일 110.53달러로 정점을 찍은 뒤 두바이유에 다시 2위 자리를 내줬다. 2013년 10월 둘째 주에 미국 쿠싱의 원유 재고가 15주 만에 증가세로 돌아서며 브렌트유와의 가격차가 다시 10달러를 넘어섰다.

☞ **국제유가에 관한 더 많은 정보는 …**

· 미국 에너지정보국
http://www.eia.gov/dnav/pet/pet_pri_spt_s1_d.htm
· 대륙간거래소
http://theice.com
· 한국석유공사 석유정보망
http://www.petronet.co.kr/v3/index.jsp

## 6. 금

미국 연방준비제도 의장이었던 앨런 그린스펀(Alan Greenspan)이 받는 강연료는 1회당 10만 달러를 넘는다고 한다. 은퇴 뒤 한 강연회를 앞두고 주최 측 관계자가 찾아와 강연료를 달러와 유로 중 어느 것으로 받고 싶은지 물었다. 그린스펀은 잠시 침묵한 뒤 "금으로 달라"라고 대답했다고 한다. 미국의 경제전문 채널(CNBC)이 소개한 일화다. 미국 중앙은행의 수장이었던 그린스펀은 일찌감치 달러의 추락과 금의 상승을 직감했는지 모른다.

금은 대표적인 귀금속(Precious Metal)으로 분류된다. 색이나 성질이 변하지 않고 가공하기 쉬워 가치 저장 수단인 화폐로 사용되어왔다.

금은 현금처럼 가치가 실시간으로 평가되면서 물가가 상승해도 일정한 가치를 보존하는 실물자산의 속성을 지닌다. 또 산업용 원자재나 장식품으로 쓰이기도 한다. 투자상품으로서 금 자체는 배당이나 이익을 만들어내지 못한다는 약점이 있다. 이렇듯 복합적인 특성을 동시에 띠는 금의 가격은 세계경제의 흐름에 민감하게 반응하며 요동쳐왔다.

〈그림 2-3〉 최근 10년 금값 추이

단위: 트로이온스당 달러

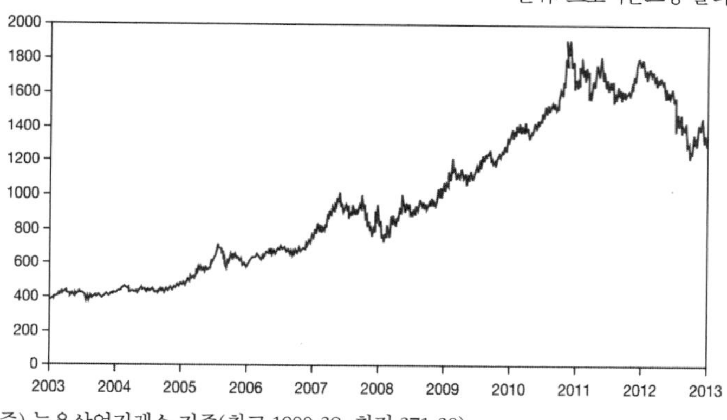


주) 뉴욕상업거래소 기준(최고 1900.38, 최저 371.30).
자료: KITCO.

## 1) 금불 10년

2001년 9·11 테러를 기점으로 장기 상승 사이클에 진입한 금값은 주요 선진국의 재정 부실 문제가 불거진 2009년 이후 달러와 유로 등 국제통화에 대한 불신으로 뜀박질하기 시작했다. 2011년 초 트로이온스당 1,300달러대에서 유로존 재정위기가 깊어진 7월에는 1,600달러를 넘어섰다. 이어 초유의 미국 신용등급 강등 사태가 벌어지자 금값은 8월 22일 트로이온스당 1,900달러를 찍었다. 그러자 전문가들은 이제 금값이 2,000달러를 돌파하는 것은 시간 문제라며 흥분했지만 거기까지였다. 금값은 2011년 말 1,500달러 선까지 급락했다.

'권불 10년'이라했던가. '금불 10년(金不十年)', 금의 대세 상승기 역시 10년을 넘지 못했다. 2013년 4월 15일은 하룻밤 새 금값이 트로이온스당 1,500원대에서 1,300원대로 9.4% 폭락하며 이른바 금의 '슈퍼 사이클'에 금이 간 '골드블랙먼데이'가 되었다. 6월 27일에는 미국의 양적 완화 축소 우려로 1년래 최저치인 1,211달러까지 주저앉았다.

## 2) 금본위제도와 브레턴우즈체제

금은 19세기부터 국제통화의 중심에 있었다. 1816년 영국이 처음으로 금본위 통화제를 채택했고, 이후 산업혁명으로 무역이 발달하면서 경제 대국인 영국의 통화체계를 따르는 나라가 많아졌다. 유럽에 이어 미국도 1879년 금본위제도(gold standard)를 채택함으로써 화폐를 금으로 바꿔주는 금 태환(兌換)과 고정환율제를 확립했다.

20세기 들어 전쟁을 거치면서 상황은 달라지기 시작했다. 제1차 세계대전 뒤 영국의 무역 적자가 커지자 불안을 느낀 사람들이 금을 해외로 지속적으로 빼가기 시작했다. 이후 대공황이 덮치면서 주요국들이 금본위제도에서 탈퇴하기 시작했다. 1930년대 초 금값은 급등했고 영국은 1931년 금 태환을 정지시켰다.

국제 통화패권은 새로운 경제대국으로 떠오른 미국으로 넘어갔다. 세계 화폐용 금의 75%를 보유한 미국은 1944년 금과 달러의 교환비율을 트로이온스당 35달러로 고정시켰다. 다른 나라의 통화는 달러와 '조정가능한 고정환율(변동폭 ±1%)'로 교환할 수 있게 되었다.[7] 이때부터 미국 달러만 금과 일정비율로 교환할 수 있는 '브레턴우즈체제(Bretton Woods System)'[8]가 탄생한 것이다.

하지만 다시 전쟁이 국제통화질서를 흔들었다. 미국이 베트남전(1965~1973년)에 쏟아 부은 막대한 군비를 대기 위해 달러를 대량으로 찍어내면서 물가가 크게 오르고 미국의 경상수지 적자는 늘어났다. 이에 따라 달러 가치의 하락(평가 절하) 압력이 높아지며 시장에서 실제 금값은 고정가격인 1온스당 35달러를 넘어섰다. 당연히 유럽 국가는 보유한 달러를 금으로 바꿔달라고 요구해 1960년대 후반 미국에서 금이 대량으로 유출되었다. 미국 정부의 금 보유량은 1948년 전 세계 정부 보유량의 71.8%(2만 1,682톤)에서 1968년에는 26.7%(9,679톤)로 급감했다.[9]

---

7) 유승경, 『달러 위기론과 국제통화질서의 현주소』(LG경제연구원, 2009), 29쪽.
8) 제2차 세계대전 종전 직전인 1944년 미국 뉴햄프셔 주의 브레턴우즈에서 각국의 대표들이 협의를 통해 탄생시킨 국제통화제도다.

금 태환 요구가 계속되어 금 비축량이 바닥을 드러내자 마침내 미국은 금고를 닫아버렸다. 1971년 8월 리처드 닉슨(Richard Nixon) 미국 대통령이 달러의 금 태환 정지를 선언한 것이다. 이른바 '닉슨 쇼크'로 브레턴우즈체제는 결국 붕괴되었다.

브레턴우즈체제의 붕괴는 미국의 달러가 더 이상 금으로 바꿔줄 의무가 없는 불태환 지폐가 되었다는 것을 의미한다. 금으로부터 분리된 종이 달러가 유일한 기축통화가 되면서 미국은 인쇄기를 마음껏 돌릴 수 있었다. 훗날 경제 공황이 오더라도 공중에서 돈을 살포해 극복할 수 있다는 '헬리콥터 벤'[10]과 그의 전매특허인 양적 완화 정책의 산실이 된 셈이다. 반면 공식 화폐의 지위를 잃은 금은 중앙은행의 통화로서가 아닌 상품으로 시중에 나오게 되었다.

### 3) 인플레이션을 좋아하는 금

사람들이 금에 끌리는 대표적인 이유 중 하나는 인플레이션으로부터 방어해준다는 점이다. 금은 실물자산이어서 물가 상승으로 인한 명목 화폐의 가치 하락을 어느 정도 보전해준다. 따라서

---

9) 이지평, 『금값에 담겨 있는 세계경제의 고뇌』(LG경제연구원, 2010), 4쪽.

10) 벤 버냉키(Ben Bernanke) 전 연방준비제도 의장의 별명.

인플레이션 조짐이 보이면 금 수요가 늘면서 가격이 오르는 경향이 있다.

금본위제도가 종료된 1970년대 이후 금값은 초강세를 나타냈다. 두 차례 석유 파동을 겪으며 세계적으로 극심한 인플레이션이 번졌기 때문이다. 1971년 1월에서 1975년 2월까지 금값은 374%나 올랐다. 1976년 8월에서 1980년 1월 사이에도 518% 급등했다. 금값은 1979년에 트로이온스당 500달러를 넘어선 데 이어 1980년 1월 평균치는 677.97달러를 기록했다.[11] 인플레이션이 꺾인 1980년 이후에야 비로소 금값도 진정되며 약세로 돌아섰다.

인플레이션은 세계적인 통화량 증가와 밀접한 연관성을 갖는다. 통화량이 늘면 수요 인플레이션 압력이 높아지면서 화폐 가치가 떨어진다. 1969년 말 800억 달러였던 국제 유동성은 1979년 말 9,482억 달러로 12배 가까이 팽창했다.[12]

2008년 금융위기 이후 각국의 중앙은행은 유례를 찾기 힘들 정도로 돈을 풀었다. 확장적 통화정책은 단기적으로는 금융위기 탈출과 경기회복에 긍정적으로 작용하지만 결국 인플레이션 부담을 키울 수밖에 없다.

---

11) 이지평, 『금값에 담겨 있는 세계경제의 고뇌』, 4쪽.

12) 김승현 외, 『환율 A to Z』(대신증권, 2012), 8쪽. 국제유동성은 각국 금+외환+IMF준비금+SDR(특별인출권)이다.

주요국의 대규모 통화팽창이 잇따르자 실물 가치를 보전하기 위한 금 수요가 급증했다. 미국 연방준비제도가 양적 완화 정책을 발표할 때마다 금값은 큰 폭으로 상승했다.

지표상으로도 미국의 소비자물가지수(CPI)와 금값은 같은 방향으로 움직여왔다. 국내 증권사 리서치센터가 조사한 자료를 보면 1969년 이후 미국 소비자 물가와 금 가격 변화율(전년 동기 대비)의 상관계수는 0.5 이상인 것으로 나타났다.[13] 상대적인 강도(금/CPI)로 보면 2007년 이후 금값 상승률이 물가 상승률을 크게 웃돌았다.[14] 투자자들이 인플레이션 헤지(hedge) 수단으로 금에 과도하게 베팅한 것으로 해석할 수 있는 대목이다.

물가 상승률을 감안한 실질금리도 금값에 영향을 주는 요소다. 금은 다른 금융자산과 달리 이자가 없다. 따라서 이자율 상승은 금값 하락 압력으로 작용한다. 반대로 낮은 금리는 금값의 상승 요인이다. 1970년대 미국의 명목 금리는 두 자릿수로 높았지만 살인적인 물가 상승으로 실질금리가 낮아져 금값이 오름세를 이어갈 수 있었다.

2012년 초반에 상승세를 보였던 금값은 추가 양적 완화가 있었는데도 2013년 들어 완연한 하락세로 돌아섰다. 유럽 재정위기 완

---

13) 이승호, 『금 가격의 미래』(대신증권, 2011), 5~6쪽.

14) 이다슬, 『상대적으로 보는 금의 가치』(한국투자증권, 2013), 2쪽.

화와 미국 달러화 가치 상승[15]이라는 요인이 금값을 짓눌렀지만 예상 밖으로 물가 상승률이 목표치를 밑돈 것도 주요하게 작용했다. 인플레이션 방어를 위한 금 수요가 줄어들 수밖에 없었던 것이다. 6월 들어서는 버냉키가 양적 완화 축소를 시사하는 언급을 한데다 이 발언이 미국의 양적 완화 조기 종료 의사로 확대 해석되면서 금값은 트로이온스당 1,200달러 선을 위협받기도 했다. 10월 15일 기준 1,270달러 선에 머물렀다.

금값이 예상보다 가파르게 떨어지자 일각에서는 이제 인플레이션이 아니라 디플레이션이 찾아오는 것 아니냐는 우려도 제기되었다.[16] 인플레이션 헤지 수단인 금을 매도한다는 것은 시장 참여자들이 거꾸로 경기침체를 걱정한다는 신호로 볼 수 있다는 것이다. 하지만 물가 안정 차원을 넘은 세계 경기의 침체는 안전자산인 금의 가격을 다시 들어 올릴 수 있는 계기가 될 수 있다.

☞ **금값에 관한 더 많은 정보는 …**

· 몬트리올 소재 금 딜러 웹사이트
www.kitco.com

---

15) 이와 관련된 내용은 92쪽 '달러지수와 금' 부분에서 자세히 다룬다.

16) 박소연, 『디플레이션 파이터』(한국투자증권, 2013), 1쪽.

· 세계금위원회(The World Gold Council)
www.gold.org
· 런던금시장협회(The London Bullion Market Association)
www.lbma.org.uk
· ≪월스트리트저널≫
http://online.wsj.com/mdc/public/page/2_3028.html?category=Other&subcategory=Metals&mod=topnav_2_3012

# 7. 금과 은의 가격 배율

## 1) 금과 은의 공통점과 차이점

옛날 궁궐에서는 임금에게 탕약을 올리기 전 나인들이 은수저로 저어보았다. 독이 들었을 경우 은수저가 검은 색으로 변하기 때문이다. 언제부턴가 임금님 수라상에는 금수저를 제치고 은수저가 올랐다고 한다.

귀금속 시장에서도 사람들은 금을 가장 받들었지만 2인자인 은에도 주목하기 시작했다. 역사적으로 화폐로 사용된 경험이 있는 금과 은은 안전자산으로 분류된다. 은도 금처럼 국제금융시스템과 종이화폐에 대한 불신이 커질 때 피난처로 부각되었고 인플레이션의 방어수단으로 가격도 같은 방향으로 움직였다.

1990년 이후 금값과 은값의 상관계수는 0.92~0.95로 동행성이 상당히 높게 나타났다.[17] 금융위기가 발생했던 1997년과 2008년에 다소 낮아지긴 했지만 대체로 같은 움직임을 보였다.

그런데 은은 점차 산업 수요 비중이 늘어나면서 위험자산 성격을 동시에 지닌 '하이브리드 금속'으로 변했다. 귀금속인 금과 산업금속인 구리를 합성했다고 봐도 무방하다.

금은 달러 가치 방어 목적이나 장식용 귀금속 수요가 전체 수요의 절반을 차지한다. 세계금융위기 때는 최후의 기축통화를 자임한다. 산업용 수요는 10~12% 정도에 그친다. 따라서 금값은 무엇보다 안전자산 선호도에 따라 민감하게 움직인다.

반면 은은 산업용 수요가 절반에 이른다. 영국의 귀금속컨설팅업체인 '톰슨로이터GFMS'의 조사 자료를 보면 2012년 기준 은의 용도별 비중은 산업용이 44.4%로 가장 높게 나타났다. 이어 귀금속(장신구, 식기류) 22%, 투자용 19.2%, 주화용(코인, 메달) 8.8%, 사진재료 5.5% 순이었다.[18] 전기전도성이 뛰어난 은은 휴대폰, 컴퓨터, 전자부품, 의료기기 등의 재료로 많이 쓰인다. 최근에는 태양

---

17) 이원재, 『노아의 방주, 금은에 올라타라』(SK증권리서치센터, 2012), 16쪽.

18) The Silver Institute, *World Silver Survey 2013*(Thomson Reuters GFMS, 2013), p.4.

광 산업의 핵심 부품인 메탈페이스트의 주원료로 사용되어 수요가 늘었다.

이처럼 수요가 분화된 두 금속은 가격 움직임에서도 엇갈리기 시작했다. 단순화하면 금융위기나 경기침체기에 안전자산의 대표격인 금값은 오름세를 보이거나 은값에 비해 하락폭이 작게 나타난다. 이때 은은 경기 위축에 따른 산업 수요 둔화 우려로 낙폭이 커지며 금값과 따로 노는 모습을 보인다.

반면 제조업 경기가 회복 국면에 들어서면 산업 수요가 부각되면서 은값이 상대적인 강세를 나타내는 경우가 많다. 대표적인 미국 경기선행지표라고 할 수 있는 공급관리자협회(ISM: Institute for Supply Management) 제조업지수[19]와 은값의 상관계수는 2008년 10월 이후 0.73으로 동조화 현상을 나타냈다.[20]

### 2) GSR의 의미

국제 원자재시장에서 금과 은의 거래 단위는 우리가 흔히 사용하는 온스가 아닌 트로이온스다. 보통 물건의 무게 단위인 1온스는 28.35g이고 1트로이온스는 31.10g이다. 같은 단위로 거래되는

19) 제3장에 나오는 ISM 제조업지수 참조.

20) 이규원, 『은 가격의 상승 모멘텀은 무엇일까』(우리선물, 2011).

〈그림 2-4〉 GSR 35년 추이

단위: 배

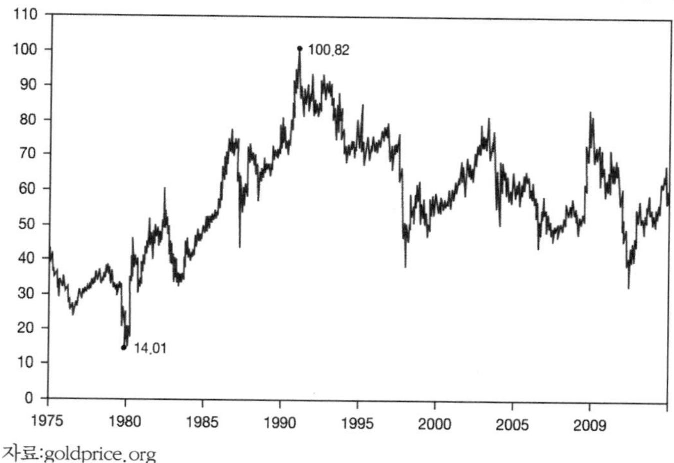


자료:goldprice.org

두 금속의 가격은 쉽게 비교할 수 있어 상대 가격의 적정성을 판단하는 데 유용하다.

그래서 금과 은의 가격 배율(GSR: Gold to Silver Ratio)이란 것이 고안되었다. 금값을 은값으로 나눈 수치로, 민트 배율(Mint Ratio)이라고도 부르는데 여기서 민트는 '화폐 주조소'란 의미다.

둘 중 하나가 지나치게 상승하거나 하락하면 GSR이 역사적으로 움직여온 적정 범위를 벗어나 금값과 은값의 상대적인 고평가나 저평가를 판단할 수 있다.

주요 쓰임새가 다른 두 금속 가격의 상대적 강도는 경기에 대한 심리적 지표로 활용할 수 있다. GSR은 안전자산 선호도와 경기회복 기대감이 맞서는 비율로 볼 수 있다. 금값이 은에 견줘 하락하거나 은값이 금에 비해 상승하면 GSR이 내려간다. 즉, 금보다 은이 인기를 얻는 국면으로 안전자산 선호도보다 경기회복 기대감이 상대적으로 높다는 것을 의미한다.

달리 말하면 GSR 하락은 금융시장의 위험도가 낮아지거나 경기침체에 대한 우려가 완화되는 것으로, 주식시장에서는 '위험을 감수하라(Risk On)'라는 매수 신호로 해석된다. 반대로 금융위기로 금값이 상승하거나 경기 둔화로 은값이 하락하면 GSR이 높아져 주식시장에 '위험에 대비하라(Risk Off)'라는 매도신호를 보낸다.

과거 금과 은이 화폐로 통용되던 시기에 금, 은 교환비율은 15배 전후였다고 한다. 은 15트로이온스를 가져오면 금 1트로이온스로 바꿔줬다는 의미다. 실제 GSR은 12~16배 사이에서 움직였는데 이는 지구상 금과 은의 매장량 비율과 유사하다고 한다.[21)]

---

21) 김세중, 『GSR 40 이하, 투기자금 이동 신호이다』(신영증권, 2011), 8쪽.

### 3) 희대의 은 투기 사건

금과 달러의 교환비율을 1트로이온스당 35달러로 고정시킨 '브레턴우즈체제'가 유지된 27년간 평균 GSR은 33배였다. 1971년 금태환 정지로 브레턴우즈체제가 붕괴되자 달러의 족쇄로부터 해방된 금값이 오르면서 GSR도 상승했다. 이후 40년간 GSR의 평균을 내보면 56배로 나타났다.[22] 이 기간에 금값이 트로이온스당 35달러에서 1,000달러로 30배 가까이 상승했지만 은값은 평균 10달러대에 머물러 격차가 점점 벌어졌기 때문이다. 이렇게 은값이 장기 침체를 면치 못한 것은 희대의 은 투기 사건이 남긴 후유증이 컸기 때문이다.

1970년대 후반 인플레이션으로 금값이 상승하자 1980년 초 은값도 가파르게 상승했다. 이 기간의 GSR 그래프(〈그림 2-4〉)를 보면 꼬리를 유독 아래로 길게 내린 지점이 눈에 들어온다. 은값 그래프인 〈그림 2-5〉를 보면 반대로 천정을 뚫을 듯이 솟구친 시점이 있는데, 이때가 바로 1980년이다. 도대체 1980년에 무슨 일이 있었던 걸까?

텍사스 석유재벌 2세인 헌트 형제(Nelson Bunker Hunt와 William

22) 이원재, 『노아의 방주, 금은에 올라타라』, 14쪽.

〈그림 2-5〉 은값 역사적 추이

단위: 트로이온스당 달러

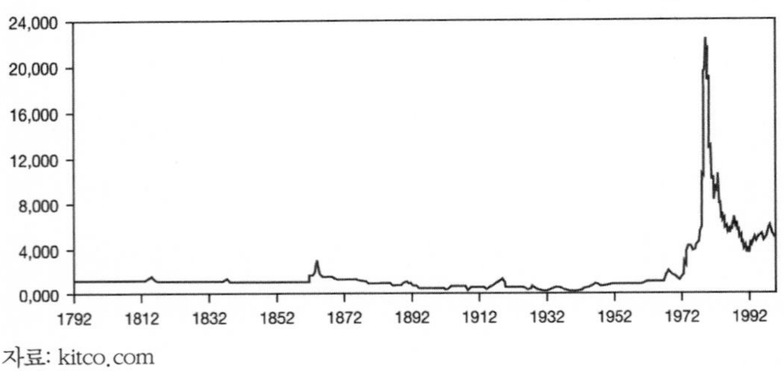


자료: kitco.com

Hunt)는 1970년대 들어 달러를 더 이상 금으로 바꿔주지 않겠다는 '닉슨 쇼크' 때문에 달러 가치가 하락하고 석유 파동으로 물가가 급등하자 인플레이션 헤지 수단으로 금 대신 은을 선택했다. 당시에는 금의 민간 소유가 불가능했기 때문이다. 헌트 형제가 은 투기를 모의하던 1973년 금값은 트로이온스당 100달러 수준이었고 은값은 2.5달러에 불과했다. GSR이 40으로 은이 저평가되었다고 판단한 헌트 형제는 다음 해부터 은 매집에 들어갔다. 선물시장에서 대량 주문을 낸 뒤 현물을 거둬들였고 사들인 은을 담보로 돈을 빌려 다시 은을 사는 방식으로 값을 끌어올렸다. 이들이 사 모은 은 규모는 100억 달러(약 11조 원)로 당시 세계 유통량의 절반이 넘었다.

마침내 은값은 1980년 1월 18일 사상 최고치인 트로이온스당

48.7달러까지 오르며 50달러 돌파를 눈앞에 뒀다. 6년 동안 은값이 20배 가까이 오르며 GSR은 40에서 15로 급락했다. GSR에 착안한 최대 은값 조작 사건으로 볼 수 있다.

하지만 이때 치밀한 헌트 형제도 예상하지 못한 일이 벌어졌다. 은값 폭등에 따른 경제위기를 우려한 시카고상업거래소와 미국 연방준비제도가 시장에 개입해 1인당 최대 은 보유량을 300만 트로이온스로 제한해버렸다. 이 때문에 은값은 흔들리기 시작했고 은행 대출로 시세를 떠받치던 헌트 형제는 결국 두 손을 들 수밖에 없었다. 은값이 트로이온스당 16달러로 주저앉은 1980년 3월 27일은 '실버 목요일(Silver Thursday)'로 기록되었다. 은색이 잿빛으로 변한 날이다.

이후 은값은 25년간 트로이온스당 평균 10달러를 밑도는 시련을 겪었다. 헌트 형제가 보유했던 은이 너무 많아 7년에 걸쳐 물량이 시장에 풀리며 수급의 균형이 무너졌기 때문이다.

### 4) 가난한 자의 금

일반적으로 물가 상승에 대한 걱정이 생기면 방어 수단인 금값이 오르고 이후 인플레이션 우려가 더 커지면서 헤지 수단이 은으로 확산된다. 이때 은의 매력은 같은 안전자산인 금에 비해 훨씬

값이 싸다는 점에 있다. 일반인도 접근하기에 부담이 덜해 은은 '가난한 자의 금(Poor Man's Gold)'으로 불렸다. 금값 상승 이후 은값이 급등한 배경 중 하나다.

그런데 개인 투자자까지 은 투자에 나선다는 것은 이미 인플레이션 영향이 자산 가격에 충분히 반영된 시점을 뜻하는 경우가 많다. 또 '가난한 자의 금'은 투자자의 폭이 넓은 데다 산업용 수요의 비중이 높아 정책 당국의 통제를 훨씬 강하게 받을 수밖에 없다. 이때 투기자금이 미리 빠져나오면 뒤늦게 뛰어든 개인 투자자는 피해를 볼 가능성이 크다.

금값이 사상 최고치 행진을 하던 2011년에도 30여 년 전 헌트 형제 사건을 다시 보는 듯한 사태가 발생했다. 주요국의 양적 완화로 풀린 돈이 원자재시장에 몰리면서 4월 29일 은값은 트로이온스당 48.48달러까지 올라 사상 최고치 경신을 눈앞에 뒀다. 이때의 금값이 1535.8달러였기 때문에 GSR은 32배까지 내려갔다. 하지만 '가난한 자의 금'이 급등하자 어김없이 규제가 뒤따랐다. 이번에도 시카고상업거래소가 나섰다. 은 선물거래 증거금을 2주일 새 다섯 차례에 걸쳐 84%나 올려버렸다. 마의 50달러 벽에 부딪힌 은값은 다음 달 5일 하룻밤 새 8% 급락하는 등 첫 주에만 30% 가까이 폭락하며 30년래 최대 낙폭을 기록했다. 헌트 형제의 '실버 목요일'이 재연된 셈이다.

다시 50달러를 향해 은값을 밀어올린 '21세기 헌트 형제'는 누구일까? 사람이 아닌 펀드였다. 2006년 4월 뉴욕증시에 상장된 세계 최대 은 상장지수펀드(ETFs: Exchange Trade Fund)인 'iShare Silver Trust(code: SLV)'의 은 보유량이 1만 톤을 웃돌아 헌트 형제가 보유했던 5,600톤보다 훨씬 많았다.[23]

### 5) GSR로 본 은값

1990년 이후 23년간 GSR 평균은 65배로 조사되었다. 가장 높았던 시기는 1991년 2월로 102배를 기록했다.[24] 1트로이온스당 금이 은의 102배 가치로 평가된 것이다. 1990년대에 이라크의 쿠웨이트 침공(1990년), 걸프전 발발(1991년), 아시아 외환위기(1997년) 등으로 안전자산인 금값이 상대적으로 강세를 띤 것과 관련이 있는 것으로 보인다. GSR이 가장 낮았던 시기는 물론 2011년 4월로, 32배였다.

안전자산을 대표하는 금의 위력은 금융위기 당시 유감없이 드러났다. 2008년 8월 미국발 금융위기가 터지자 패닉에 빠진 투자자들은 모든 것을 팔아치웠다. 10월 은값은 트로이온스당 9.29달

23) 이원재·고봉종, 『은의 시대 도래』(SK증권, 2011), 11쪽.

24) GE Christenson, *Silver: The GSR Bottom Finder*(safehaven.com, 2013).

러로 3월 고점 대비 55% 폭락했다. 반면 금값은 25% 정도 하락한 뒤 11월부터 회복하기 시작했다. 11월 당시 저점은 금이 745달러, 은이 8.92달러로 GSR이 83.52배로 높아졌다.

새천년 첫 10년(2000~2010년)을 놓고 보면 금보다 은이 더 빛났다. 은값은 트로이온스당 5.34달러에서 30.91달러로 578% 올랐다. 같은 기간 트로이온스당 288.5달러에서 1421.6달러로 493% 상승한 금을 앞지른 것이다. 이 기간 GSR의 평균은 62배를 기록했다.

2013년 들어 금값과 은값이 동반 하락한 가운데 GSR은 연초에 비해 상승했는데, 이는 금값보다 은값이 더 떨어졌기 때문이다. 2013년 10월 15일 기준 뉴욕상업거래소에서 트로이온스당 금값은 1276.60달러, 은값은 21.35달러를 기록했다. 이를 나눈 GSR은 약 60배다.

일부 전문가들은 산업용 수요가 크게 늘어난 1990년대 이후 지금까지 GSR 평균이 60배를 웃도는 점은 수급 차원으로 설명하기 어렵다고 말한다.[25] 이들은 앞으로 GSR이 40~45배까지 하락할 것

---

25) 장식용으로 많이 쓰이는 금은 소비되는 양보다 유지되는 양이 많지만 절반가량이 산업용으로 사용되는 은은 소모량이 많다. 은괴나 은 목걸이 등의 형태로 남아 있는 양보다 산업용 재료로 쓰여 사라지는 양이 더 많다는 것이다. 또 은은 수요는 늘고 있지만 공급은 제한적이다. 은 생산량 가운데 자체 광산에서 캐낸 비중은 28%에 불과하다. 72%는 납, 아연, 전기동, 금광석 등 다른 광물을 제련하는 과정에서 나온 부산물이다. 따라서 은값

으로 내다보았다. GSR이 내려가려면 금값에 비해 은값이 덜 내려가거나 더 올라가야 한다. 이들의 주장은 후자다.

한 귀금속 전문가(GE Christenson)는 2013년 8월 "GSR을 통한 은의 바닥 찾기"라는 칼럼에서 은값이 금보다 더 큰 폭으로 상승하며 랠리를 펼칠 것이라는 시그널이 발생했다고 주장했다.[26] 그 근거로 지난 23년간 은값의 주요한 저점은 GSR이 64배 이상인 구간에서 형성되었다는 점을 들었다. 또 8번의 저점 중 6번이 GSR의 상대강도가 35보다 낮을 때 생겼는데 이러한 조건이 2013년 6월 하순에서 7월 초순 사이에 충족되었다는 것이다. 그는 GSR이 40배 아래로 떨어지며 은의 강세가 도래할 것으로 내다보았다. 현재의 추이로 보면 이러한 예측이 실현되기까지 갈 길이 꽤 멀어 보인다.

**☞ GSR에 관한 더 많은 정보는 …**

- http://goldprice.org/gold-silver-ratio.html
- http://www.deviantinvestor.com

**☞ 은값에 관한 더 많은 정보는 …**

- www.silverseek.com

---

이 오르더라도 1차 광산의 생산 증가는 더딜 수밖에 없다.

26) GE Christenson, *Silver: The GSR Bottom Finder.*

· www.kitco.com/charts/historicalsilver.html
· www.cmegroup.com/trading/metals
· www.lme.co.uk

## 8. 달러지수와 금

세상에서 가장 안전한 자산은 무엇일까? 전문가들은 상대적으로 가치가 안정적이고 태환성이 높은 미국 달러와 금을 대표적인 안전자산으로 꼽는다. 하지만 그런 믿음은 이제 많이 흔들리는 추세다.

### 1) 달러와 금은 대체재

금과 달러는 같은 안전자산이지만 대체재 성격 때문에 상이한 흐름을 보인다.

앞에서 설명했듯이 금과 달러가 일정한 비율로 교환되던 브레턴우즈체제가 1971년 붕괴되면서 이후 둘은 반대 방향으로 움직였다. 1974년 이후 미국 달러 가치와(달러 표시) 금값의 상관계수가 -0.58로 나타났다는 조사결과도 있다.[27)]

금값이 유로나 엔이 아닌 유독 달러 가치와 반대로 움직이는 내재적 이유는 국제 원자재의 주된 결제 통화가 달러라는 데 있다. 값을 매기는 눈금인 달러의 가치가 떨어지면 원자재의 달러 표시 가격은 그만큼 올라가야 제 가치를 유지할 수 있다. 미국에 문제가 생겨서 달러 가치가 떨어지는데 죄 없는 금까지 가만히 앉아서 덤터기를 쓴다면 억울하지 않겠는가?

달러 가치가 떨어지면 유럽 등 다른 나라에서는 자국통화의 가치가 절상(환율 하락)되면서 달러로 표시된 금값이 싸 보이므로 금 수요가 증가한다. 물론 미국에서는 달러 약세를 방어하기 위해 금을 찾는다. 따라서 달러 표시된 금값은 양방에서 상승 압력을 받는 것이다.

2008년 금융위기 때는 안전자산 수요가 급증하면서 달러화 가치가 올라갔다. 다음 해 주요국의 양적 완화로 달러가 지나치게 많이 풀리자 이번엔 금값이 꿈틀거리며 4분기에 트로이온스당 1,000달러를 돌파했다. 달러화 약세로 안전자산의 수요가 대체재인 금으로 옮겨간 것이다.

---

27) 이승호, 『금가격의 미래』, 7쪽.

## 2) 금은 과연 안전자산인가

금의 역사는 금융위기의 역사이기도 하다. 2001년 9·11 테러 당시 주식과 원자재는 물론 달러 가치도 급락했지만 안전자산의 대명사인 금은 홀로 급등했다.

하지만 금의 태환성은 달러화에 비해 낮다. 극도의 유동성 위기 상황에서는 세계의 기축통화인 달러를 찾을 수밖에 없다. 2008년 9월 리먼브러더스의 파산 신청으로 국제 금융위기의 방아쇠가 당겨지자 금값은 급등하는 듯했다. 하지만 파산 직전에 몰린 헤지펀드들이 유동성 확보를 위해 금을 대량 매도하는 바람에 금값은 폭락하고 말았다. 금융위기가 전 세계로 파급되면서 달러화 가치는 급등했지만 금값은 그해 11월 트로이온스당 700달러 선까지 떨어졌다. 물론 이후 다시 반등하기는 했지만 안전자산이라는 금도 '닥치고 현금' 앞에서는 매우 위험한 자산으로 돌변할 수 있다는 점을 잘 보여주는 현상이었다.

2011년 8월 5일 사상 초유의 미국 신용등급 강등 사태와 미국 경기의 이중 침체, 즉 더블딥(double dip) 우려가 겹치며 금값은 정점을 향해 치달았다. 8월 8일 4.12%(68달러) 폭등하며 단숨에 트로이온스당 1,700달러를 넘어섰고 22일에는 미국 시카고상업거래소에서 12월물 금 선물가격이 사상 최고치인 1,900.4달러를 기록했다.

하지만 이내 하락세로 돌아서 9월 말 1,600달러 선, 연말에는 1,500달러 선까지 후퇴했다. 당시 재정위기의 불길이 번지면서 금융시장의 불안감이 최고조에 이르렀는데도 금은 맥없이 주저앉은 이유는 무엇일까?

미국보다 유럽이 더 위험해졌기 때문이다. 2011년 하반기는 스페인, 이탈리아, 심지어 프랑스에 이르기까지 유로존 핵심 국가의 재정위기가 절정을 이룬 시기였다. 유럽 국가의 신용등급이 줄줄이 강등되면서 돈은 안전자산인 미국 국채로 환류되었다. 유로화 가치가 떨어지면서 미국 달러화가 상대적인 강세로 반전되자 달러 헤지 수단인 금이 약세로 돌아선 것이다.

금이 안전자산이라는 것은 금융위기 등 세계경제의 시스템 위기가 일어났을 때 일시적인 피난처로 유효하다는 의미이지, 가격의 변동성이 낮은 안정적인 자산이라는 말은 결코 아니라는 점에 유의해야 할 것이다.

### 3) 달러지수

원화는 물론 유로화와 엔화 가치(환율)도 주로 달러와 비교해 나타낸다. 그렇다면 기축통화인 달러화 가치는 어떤 통화와 비교해 측정할까? 달러 환율은 여러 통화와 복잡하게 얽혀 있다. 따라서

〈그림 2-6〉 블룸버그 달러인덱스 추이

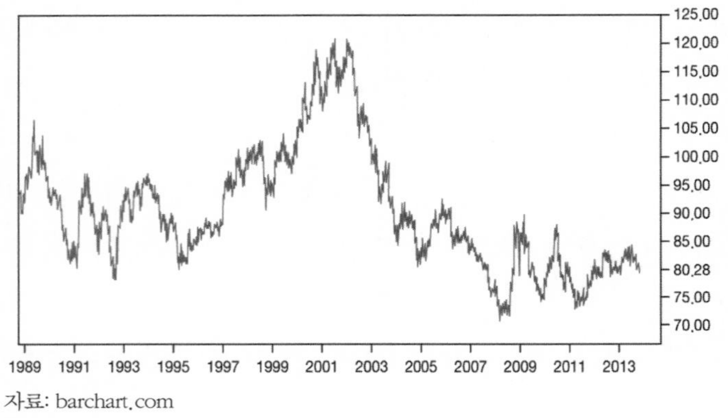


자료: barchart.com

달러 가치를 파악하려면 이를 종합해 지수로 만들어야 한다. 여러 나라의 통화 환율을 미국과의 교역 규모 등을 따져 가중 평균해 산출한 것이 달러지수다.

비교로 삼는 통화의 종류와 가중치는 산출 기관마다 다르다. 언론에 주로 인용되는 달러지수는 블룸버그에서 산출한 것으로, 주요 6개국 통화(환율)를 가중 평균해 작성한다.

'블룸버그 달러인덱스'를 구성하는 6개국 통화 중 유로의 비중이 57.6%로 가장 높고, 엔 13.6%, 파운드 11.9%, 캐나다 달러 9.1%, 크로나 4.2%, 스위스 프랑 3.6% 순이다. 1973년 3월을 기준 시점(100)으로 삼는다.

달러지수가 상승하면 6개국 통화바스켓(currency basket)과 비교해 달러화 가치가 강세를 보이고, 반대로 달러지수가 하락하면 달러가 약세를 보인다. 달러지수는 달러-유로 환율과 유사하게 움직인다. 6개 비교통화 가운데 비중이 절반을 넘는 유로화의 가치에 가장 큰 영향을 받기 때문이다. 예를 들어 달러지수는 비중이 10%를 넘는 엔화와 파운드화의 가치가 올라가면 하락 압력을 받지만 동시에 유로화 가치가 그만큼 떨어진다면 전체적으로는 상승한다.

유럽 부채위기로 유로화 가치가 떨어지면 달러지수가 상대적으로 강세를 보이고 이에 따라 금값은 약세를 띠는 것이다. 2013년 들어서도 미국 경제가 유럽에 비해 상대적으로 빠른 회복세를 보인데다 미국 연방준비제도의 양적 완화 축소 움직임으로 달러화가 강세를 띠자 금값은 약세를 면하지 못했다.

미국 연방준비제도는 좀 더 광범위한 교역국의 통화로 평가한 달러지수를 구분해 발표한다. 모두 26개 교역국의 통화가 포함되어 있으며 '브로드 달러지수(Broad Dollar Index)'라고 불린다. 통화별 가중치는 미국과의 교역 비중과 외환시장에서의 중요성 등을 감안해 해마다 조정한다. 1973년을 기준 시점(100)으로 삼는다.

브로드 달러지수는 '주요국 달러지수(Major Currencies Dollar Index)'와 '기타 국 달러지수(OITP: Other Important Trading Partners Dollar Index)'로 나뉜다. 주요국의 비중이 54.83%로 더 크다.

〈그림 2-7〉 블룸버그 달러인덱스와 OITP

단위: 포인트

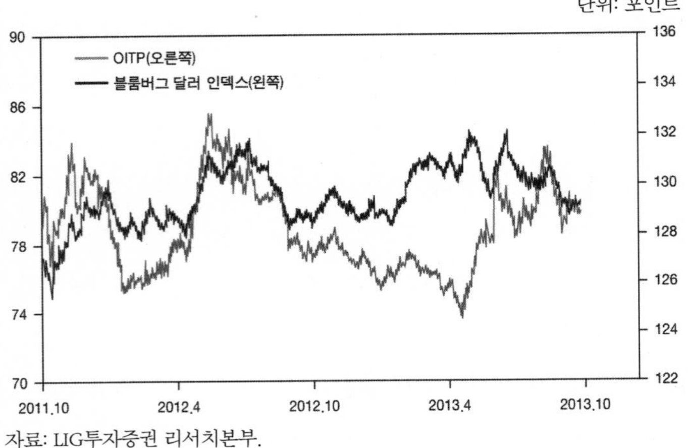


자료: LIG투자증권 리서치본부.

주요국 달러지수는 '블룸버그 달러인덱스'에 호주 달러를 추가한 7개국 통화 대비 달러 가치다. 블룸버그 달러인덱스에 비해 유로 비중(34.29%)은 낮아졌고 미국과 인접한 캐나다 달러(29.97%) 비중이 높아졌다.

OITP는 26개 통화 중 7개 주요국 통화를 뺀 19개 통화를 기준으로 가중 평균해 산출한다.[28] 중국 위안화의 비중(25.13%)이 1/4을

28) 기타 국은 중국, 멕시코, 한국, 대만, 홍콩, 말레이시아, 싱가포르, 브라질, 태국, 인도, 필리핀, 이스라엘, 인도네시아, 러시아, 사우디아라비아, 칠레, 아르헨티나, 콜롬비아, 베네수엘라 등 19개 국가다.

차지하며 한국 원화는 8.55%로 멕시코 페소화에 이어 세 번째로 높다. 브로드 달러지수에서 차지하는 한국 원화의 비중은 3.86%로 영국에 이어 일곱 번째다.

우리가 자주 접하는 블룸버그 달러인덱스나 미국 연방준비제도의 주요국 달러지수가 선진국 통화를 기준으로 한 달러지수라면 OITP는 신흥국 통화 대비 달러지수라는 점에서 차이가 있다.

선진국 통화 대비 달러지수와 신흥국 통화 대비 달러지수는 엇갈리는 흐름을 보이기도 한다. 특히 유로와 엔, 파운드를 합한 비중(83.1%)이 압도적인 블룸버그 달러인덱스가 상승해도 OITP는 하락하는 경우가 있다. 이는 선진국에 비해 신흥국의 통화 가치가 강세를 띤다는 것을 의미한다. 이런 상황에서는 달러 자금이 신흥국 증권 시장으로 유입되는 경우가 많다. 통화의 강세는 경제가 성장하고 금리가 상대적으로 높을 때 일어나기 때문이다. 글로벌 유동성 자금의 흐름을 파악하기 위해 OITP에 주목해야 하는 이유다.

### 4) 달러 패권

금은 글로벌 금융위기와 국제통화시스템의 변화에 민감하게 반응하기 때문에 세계경제의 리트머스로 통한다. 따라서 금값이 고공 행진한다는 것은 세계경제와 금융시장에 큰일이 일어났음을 의미한다.

2002년을 고비로 달러지수는 장기 약세 국면에 접어들었고 금값은 상승 곡선을 그려나갔다. 2000년대 나타난 금값 상승은 그 기간이나 폭으로 볼 때 실물자산의 강세 차원을 넘어 세계 경제의 지각 변동을 반영한 것이라는 해석이 많다.

세계금협회(WGC) 한일 지역 대표를 지낸 도시마 이쓰오(豊島逸夫)는 금과 원유 같은 원자재를 사는 행위를 미국 달러에 대한 '불신임투표'로 규정했다.[29] 달러 중심 기축통화체제에 대한 신뢰 저하가 '원조 통화'인 금의 가격 급등으로 표출되었다는 해석이다.

그렇다고 부채위기의 대안으로 달러보다 더 불안한 유로화나, 장기불황으로 달러보다 더 미래가 어두운 엔화를 삼을 수는 없는 노릇이다. 중국의 위안화는 규모가 작고 자본 통제도 많아 국제거래에 본격적으로 사용되기에는 아직 갈 길이 멀다. 따라서 미국 달러의 기축통화 지위는 쉽게 허물어지지 않을 것으로 보인다.

하지만 연례행사가 되다시피 한 부채한도 증액 협상을 둘러싼 충돌과 디폴트 우려에서 보듯이 미국의 천문학적인 재정적자 규모는 '달러 패권'이 서서히 저물어가고 있음을 보여준다. 2000년 역사의 금은 글로벌 통화 헤게모니가 이동하는 과정에서 다시 요동

---

29) 도시마 이쓰오, 『황금』, 김정환·강호원 옮김(랜덤하우스코리아, 2009), 48쪽.

칠 것이다.

☞ **달러지수에 관한 더 많은 정보는 …**

- **블룸버그 달러인덱스**
- http://www.bloomberg.com/quote/DXY:CUR
- www.barchart.com/charts/stocks/$DXY
- **미국 연방준비제도 달러지수**
- http://www.federalreserve.gov/releases/h10/summary

# 3
# 경기지표

## 1. 제조업지수

### 1) ISM 제조업지수

2011년 8월 초 글로벌 공황의 시작은 미국 신용등급 강등 때문인 것으로 알려졌지만 사실은 당시 발표된 ISM 제조업지수의 급락이 방아쇠를 당긴 것이라는 진단이 나올 정도로 이 지수가 금융시장에 미치는 영향은 실로 막강하다.

### (1) ISM 제조업지수의 유래와 의미

1929년의 대공황 당시 전미구매관리자협회(NAPM: National Association of Purchasing Management)[1]는 뉴욕지부 회원들에게 특정 산업의 경기 현황에 대한 설문조사를 실시했는데 이것이 점차 전국으로 확대되었다. 당시 경기 부양책 마련에 고심하던 미국 대통령 허버트 후버(Herbert Hoover)는 NAPM에 제조업 현황에 관한 데이터와 최신 보고서를 만들라고 압박했다. 이렇게 해서 1931년에 첫 보고서가 나왔고 NAPM이 ISM으로 이름을 바꾼 지금의 「ISM 보고서(ISM Report On Business)」로 이어졌다.

어떤 제조회사가 잘 굴러가는지를 알려면 먼저 구매 관리자를 만나볼 필요가 있다. 구매 관리자는 제조업체에서 제품을 만드는데 필요한 자재를 조달하는 일을 책임진다. 이들은 회사제품의 수요를 예측해 여기에 필요한 생산 자재를 어느 정도 사들일지 결정한다. 제품에 대한 수요가 증가할 것으로 예상되면 구매 관리자는 자재의 주문을 늘리고, 매출이 감소할 기미가 보이면 자재의 주문을 줄인다.

경기 변동에 민감한 자재 구매의 정확한 결정을 위해 NAPM은 제조업 활동을 면밀하게 관찰한다. 따라서 구매 관리자의 업황에

---

1) 1915년 설립된 민간단체로, 2002년에 ISM으로 이름을 바꿨다.

대한 시각은 제조업의 상황을 파악하는 데 중요한 나침반이 된다.

ISM은 20개의 주요 산업 군을 대표하는 미국 400여 개 회원 기업의 구매 관리자를 대상으로 매달 설문조사를 한다. 구매 관리자에게 해당 산업과 관련된 세부항목에 관해 나아질 것인지(Better), 나빠질 것인지(Worse), 아니면 변화가 없을 것인지(Same)를 묻고 그 결과를 지수로 만든다. 따라서 ISM 제조업지수는 구매 관리자들이 느끼는 체감 경기를 수치화한 것으로 볼 수 있다.

「ISM 보고서」는 20가지의 다양한 업종 현황을 담고 있어 제조업 경기는 물론, 경제 전반의 흐름을 파악하는 데 도움이 된다. 제조업에 초점을 맞춘 경제 월간 보고서라고 할 수 있다.

금융시장과 언론에서 특히 ISM 제조업지수를 주목하는 이유는 매월 첫번째 영업일에 전 달의 조사치가 발표되기 때문이다. 월간 경제지표 중 가장 먼저 발표되어 시의성이 높고 이후 발표될 다른 지표의 분위기도 탐색할 수 있다. 미국의 경제 조사기관인 컨퍼런스보드(Conference Board)에서 발표하는 경기선행지수는 미국의 경제 상황을 정확하게 보여주는 것으로 유명하지만 매월 셋째 주 후반에 발표되어 적시성이 떨어진다.

민간 발표 경제자료 중 시장에 미치는 영향력이 가장 크다. 발표치가 시장의 예상치를 벗어날 경우 금융시장이 예민한 반응을 보이기 때문에 미국 연방준비제도가 사전에 브리핑을 받을 정도라고

한다. 2010년 이후 2년간 ISM 제조업지수가 시장의 예상보다 높게 발표된 주에 S&P500지수가 상승할 확률은 73%였고, 평균 주간 수익률은 2.1%로 나타났다.2)

(2) 10가지 구성 항목

구매 관리자들이 평가하는 항목은 신규 주문(New Orders), 생산(Production), 고용(Employment), 공급자 운송시간(Supplier Deliveries), 재고(Inventories), 소비자 재고(Customers' Inventories), 지불가격(Prices), 수주잔고(Backlog of Orders), 수출(Exports), 수입(Imports) 등 10가지다.

신규 주문의 증가는 보통 5~6개월 뒤 제조업의 생산 증가로 이어진다. 반대로 신규 주문이 계속 감소하면 생산이 감소할 우려가 있다. 신규 주문 지수는 민간소비의 변화를 예측할 수 있어 미국의 경제조사기관인 컨퍼런스보드가 발표하는 경기선행지수(LEI) 구성 항목에도 포함된다.

고용지표는 매월 첫 번째 금요일에 발표되는 미국 노동부(U.S. Department of Labor)의 「고용 보고서(The Employment Report)」에 나오는 비농업 분야 취업자 수 변화를 미리 가늠할 수 있다는 점에서 관심을 끈다.

---

2) 이재만·조병현, 『소통, 시장과 대화가 필요하다』(동양증권리서치센터, 2012), 15쪽.

신규 주문과 고용 수치가 ISM 제조업지수와 함께 증가하면 제조업이 탄탄한 성장을 하는 것으로 평가된다.

공급자 운송시간은 자재 주문 뒤 공급자로부터 물품이 인도되는 시간이다. 이 지수가 높아지면 자재를 공급받기 위해 더 오랜 시간을 기다려야 한다는 의미다. 달리 말해 배송 속도가 느려진다는 것은 자재 수요가 늘고 경기가 좋아진다는 신호로 볼 수 있다.

이런 상황에서는 자재 가격을 결정할 때 주도권이 주문자가 아닌 공급자에게 넘어가 물가 상승을 자극할 수 있다. 이런 중요성 때문에 공급자 운송시간 지수도 컨퍼런스보드의 경기선행지수에 들어간다.

시계열 분석 결과 소비자(고객) 재고가 줄면 5개월 정도 뒤에 신규 주문이 늘어난다고 한다.[3)]

지불가격은 제조업체들이 자재를 구매할 때 지불하는 비용이다. 즉, 기업이 체감하는 물가로 소비자물가보다 3개월 정도 앞서 움직인다. 이 비용 지수가 과도하게 높아지거나 일정 기간 높은 수준이 계속되면 인플레이션 압력이 높아져 연방준비제도가 기준금리를 인상할 가능성이 높아진다.

수주잔고는 주문을 받았지만 재고가 없어 아직 처리하지 못한

---

3) 염상훈, 『ISM 제조업지수』(SK증권, 2012), 5쪽.

잔량을 말한다. 수출은 외국으로부터 들어오는 신규 주문이며 수입은 외국에서 자재를 구매한 것이다. 외국으로부터 들어오는 주문이 늘면 국내 고용과 성장이 촉진되는 반면 물가 상승을 압박하는 측면도 있다.

### (3) ISM 제조업지수 계산방법

ISM지수는 전국 구매 관리자들의 설문 응답을 모아 항목별로 제조업 활동이 전 달보다 증가(Better, Higher)했다고 보고한 응답 수와 변화가 없었다(Same)는 응답 수의 절반을 더해 산출된다.[4] 예를 들어 400개 기업의 구매 관리자 중 신규 주문이 늘었다는 응답이 80, 변동이 없었다는 응답이 280, 주문이 줄었다는 응답이 40이라면 신규 주문 지수는 80+(280×0.5)를 계산한 뒤 전체 응답 수인 400으로 나눈 55(%)가 ISM 제조업지수가 된다.

ISM 제조업지수는 10개 조사 항목 가운데 생산과 관련된 5가지 항목(신규 주문, 생산, 고용, 공급자 운송시간, 재고)의 지수를 단순 평균한 수치로, 보고서에는 본래 의미인 구매관리자지수(PMI: Purchasing Manager's Index)로 표기된다.

2013년 10월 1일 발표된 9월 ISM 제조업지수는 56.2%로, 5개 항

---

4) 계산식=(긍정적인 응답 수+불변 응답 수×0.5)/전체 응답 수

〈표 3-1〉 2013년 9월 ISM 제조업지수

| 지수 | 9월(%) | 8월(%) | 변동(%p) | 방향 | 변화 정도 |
|---|---|---|---|---|---|
| PMI | 56.2 | 55.7 | +0.5 | Growing | Faster |
| 신규 주문 | 60.5 | 63.2 | -2.7 | Growing | Slower |
| 생산 | 62.6 | 62.4 | +0.2 | Growing | Faster |
| 고용 | 55.4 | 53.3 | +2.1 | Growing | Faster |
| 공급자 운송시간 | 52.6 | 52.3 | +0.3 | Slowing | Faster |
| 재고 | 50.0 | 47.5 | +2.5 | Unchanged | From Contracting |
| 소비자 재고 | 43.0 | 42.5 | +0.5 | Too Low | Slower |
| 지불가격 | 56.5 | 54.0 | +2.5 | Increasing | Faster |
| 수주 잔고 | 49.5 | 46.5 | +3.0 | Contracting | Slower |
| 수출 | 52.0 | 55.5 | -3.5 | Growing | Slower |
| 수입 | 55.0 | 58.0 | -3.0 | Growing | Slower |

자료: ISM.

목인 신규 주문(60.5), 생산(62.6), 고용(55.4), 공급자 운송시간(52.6), 재고(50.0) 수치를 평균한 것이다(〈표 3-1〉 참조).

### (4) 수치 해석

ISM 제조업지수의 분기점은 50%이다. 수치가 50 이상이면 제조업 경기의 확장(호전)에 대한 기대가 높고, 반대로 50 미만이면 제조업 경기 위축(악화)에 대한 우려가 크다는 것을 의미한다. 50이면 제조업 활동에 변화가 없다고 해석한다.

지수의 절대수준과 더불어 변동 추이도 함께 점검해야 한다. 기준선인 50에서 많이 떨어져 있을수록 제조업의 성장이나 둔화의

〈그림 3-1〉 ISM 제조업지수

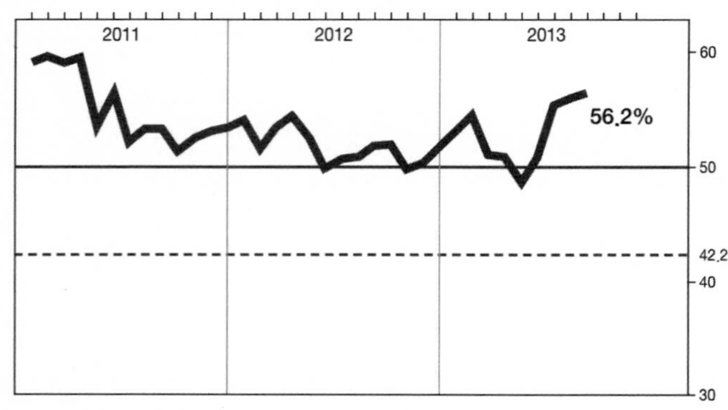


자료: ISM Report On Business.

폭도 커진다. 실제로 ISM 제조업지수가 50을 밑도는 상태로 3개월 연속 지속되는 경우 제조업 경기 둔화로 이어지는 경우가 많았다.

ISM 제조업지수는 GDP에도 영향을 미친다. 최근의 「ISM 보고서」를 보면 역사적으로 지수 42.2가 경제의 성장과 침체를 가르는 경계(GDP 증가율=0)로 작용했다. 그 이하로 내려가면 제조업은 물론 경제가 전반적으로 후퇴기에 접어들 가능성이 크다는 것이다. 이때 연방준비제도가 금리를 인하할 가능성이 커진다. 반대로 지수가 60 이상인 기간이 수개월 지속되면 경기 과열로 연방준비제도가 금리 인상에 나설 수 있다.

ISM 제조업지수가 1포인트 오르내릴 때마다 GDP는 0.35% 변

동하는 것으로 알려졌다.[5)]

2007년 평균 51.1을 나타낸 ISM 제조업지수는 금융위기가 본격화된 2008년 9월 44.8로 급락했고 그해 연말에는 33.1로 1980년 6월(30.3) 이후 28년 만에 가장 낮은 수치를 기록했다. 2013년 들어 ISM 제조업지수는 5월(49.0)에 기준선 밑으로 떨어졌다가 이후 4개월 연속 반등하며 9월(56.2)에 2011년 4월(59.4) 이후 가장 높은 수치를 기록했다.

☞ ISM 제조업지수에 관한 더 많은 정보는 …

http://www.ism.ws/ISMReport/MfgROB.cfm?navItemNumber=12942

(5) 미국 지역 연방준비제도 제조업지수

지역 연방준비제도도 ISM 제조업지수와 성격이 비슷한 보고서를 내놓았다. 지역 연방준비제도는 제조업지수를 조사 기간이 속한 달에 발표하므로 다음 달 첫날에 전 달 조사 자료를 공개하는 ISM 제조업지수를 미리 가늠하는 데 활용할 수 있다. 뉴욕 연방준

---

5) 유승선 외, 「국내외 경제지표 해설」(국회예산정책처 거시경제분석팀, 2008), 62쪽.

비제도 제조업지수(Empire State Index), 캔자스시티 제조업지수는 매월 중순 해당 월의 수치로 발표된다. 매월 셋째 목요일에 해당 월 수치가 공개되는 필라델피아 연방준비제도 제조업지수는 산업생산지수와 높은 상관관계를 나타내 제조업의 방향성을 예측하는 데 유용하다. 시카고 연방준비제도 제조업지수는 ISM 제조업지수 발표 직전인 매월 마지막 영업일에 발표되어 더욱 눈길을 끈다.

### 2) ISM 비제조업(서비스업)지수

ISM은 제조업 보고서 발표 이틀 뒤인 매월 세 번째 영업일에 비제조업 보고서를 발표한다. 설문조사는 소매, 금융 등 17개 산업군에 속한 미국 370개 회원 기업의 구매 관리자를 대상으로 한다.

조사항목은 제조업 보고서와 마찬가지로 10가지인데, 서비스업 특성상 생산(Production) 항목과 소비자 재고(Customers' Inventories) 항목을 기업활동(Business Activity)과 재고 신뢰(Inventory Sentiment)로 대체한 것 말고는 제조업지수 구성과 동일하다.

ISM 비제조업지수(NMI: Non-Manufacturing Index)는 기업활동, 신규 주문, 고용, 공급자 운송시간 등 4개 항목의 지수를 단순 평균한 것이다. ISM 비제조업지수에는 비제조업 구매 관리자들의 경제에 대한 전망이 담겨 있다고 볼 수 있다. 제조업지수처럼 50을 기준으로 비제조업 경기의 호전과 악화를 구분한다.

미국에서 비제조업은 경제에서 차지하는 비중이 80%에 이를 만큼 중요한 분야다. 하지만 비제조업지수는 1998년부터 조사가 시작되어 상대적으로 역사가 짧아 데이터의 변동성이 심한 편이다. 또 서비스 수요는 상대적으로 경기 변동에 비탄력적이어서 금융시장의 주목도가 제조업지수에 비해 떨어진다.

☞ **ISM 비제조업지수에 관한 더 많은 정보는 …**

http://www.ism.ws/ISMReport/NonMfgROB.cfm?navItemNumber=12943

### 3) 주요국 제조업 PMI

월 초만 되면 경제연구소나 증권사 리서치센터가 바빠진다. 미국의 ISM 제조업지수뿐 아니라 다른 주요 국가의 PMI 발표가 한날 쏟아지기 때문이다.

ISM 제조업지수가 경기 동향을 파악하는 핵심지표로 활용되자 유럽을 중심으로 많은 나라가 유사한 지표 개발에 나섰다. 1991년 영국을 필두로 독일과 프랑스도 PMI 개발에 나섰다. 이들 나라의 PMI는 ISM 제조업지수처럼 제조업체 구매 관리자의 설문 응답을 집계해 매달 첫 영업일에 발표된다. 50%를 기준으로 제조업의 경기 확장과 위축을 구분하는 것도 동일하다.

2008년 3분기 이후 세계 각국의 PMI는 신규 주문 감소와 재고 증가 등의 여파로 50을 밑돌면서 금융위기 이후 경기가 냉각되었음을 보여주었다.

### (1) 중국 제조업 PMI

중국 제조업 PMI도 미국 ISM 제조업지수처럼 5가지 항목으로 구성되어 있다. 하지만 항목별로 가중치(신규 주문 30%, 생산 25%, 고용 20%, 공급자운송시간 15%, 재고 10%)를 매겨 평균을 구한다는 점에서 단순 평균한 ISM 제조업지수와 다르다.

중국 제조업 PMI에는 두 종류가 있다. 중국의 제조업 PMI는 당연히 중국 당국인 국가 통계국이 발표한다. 그런데 발표 하루 전에 글로벌 금융그룹인 HSBC사가 별도의 중국 제조업지수를 공개한다. 따라서 이 두 지수의 방향이 엇갈리면 시장에 혼선이 온다. 두 지수의 차이는 조사 대상 기업의 성격이 다른 데서 비롯된다. 중국 국가 통계국 제조업 PMI는 제조업체 8,000곳을 대상으로 조사한 지수로 대형 국영기업이 다수 포함되어 있다. 반면 HSBC의 중국 제조업 PMI는 400여 개의 제조업체를 대상으로 하는데, 이 중 중소 민영기업의 비중이 높다. 수출 중심의 중소기업으로 이루어진

〈그림 3-2〉 중국 제조업 PMI 추이

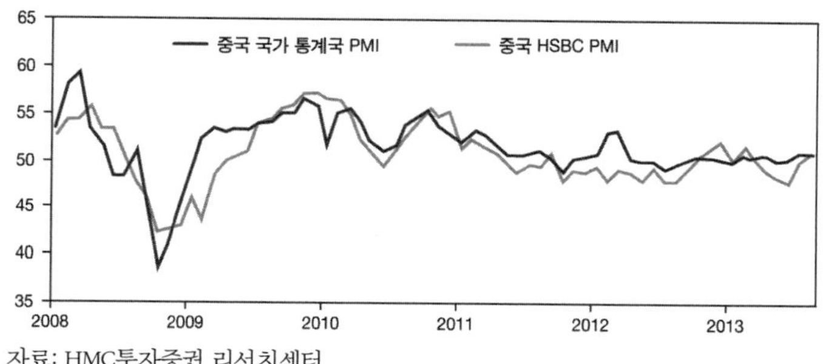


자료: HMC투자증권 리서치센터.

HSBC의 지수는 중국 국가 통계국 제조업 PMI에 비해 더 민감하게 경기에 반응하는 특성이 있다.

경기가 둔화되었던 2011년 10월~2012년 9월을 살펴보면 HSBC 중국 제조업 PMI는 50 밑으로 떨어진 반면 중국 국가 통계국 제조업 PMI는 대체로 50 이상을 유지했다.[6]

2011년 11월 중국 국가 통계국 제조업 PMI는 49.0으로 2009년 2월 이후 처음으로 기준치 50을 밑돌아 유로존 재정위기의 영향으로 제조업 경기가 위축되었음을 나타냈다.

중국 제조업 PMI는 2013년 9월 현재 51.1로 시장의 기대치에는 다소 못 미쳤지만 2012년 4월(53.3) 이후 최고치를 기록했다. 이에

6) 성연주, 『중국 두 개의 PMI지수』(대신증권, 2013), 1~3쪽.

앞서 발표된 HSBC 9월 제조업 PMI도 50.2로 상승세를 유지했다.

미국 ISM 제조업지수에 이어 중국의 제조업지수를 소개한 이유는 두 나라의 제조업이 한국 경제에 큰 영향을 주기 때문이다. 중국과 미국은 우리나라 수출액의 30% 이상을 차지한다. 두 나라 제조업지수의 동향과 한국 수출 증가율은 밀접한 상관관계를 가질 수밖에 없다. 산업별로 보면 국내 정보기술(IT) 업종은 미국 제조업지수에 민감하고, 철강·기계 업종은 중국 제조업지수의 영향을 받는다.

> ☞ **중국 제조업 PMI에 관한 더 많은 정보는 …**
>
> · 중국국가통계국
> http://www.stats.gov.cn

(2) 유로존 제조업 PMI와 세계 제조업 PMI

유로존 제조업 PMI는 영국의 시장조사 기관인 Markit이 발표한다. 유로화를 사용하는 유로존 국가 가운데 독일, 프랑스, 이탈리아, 스페인, 아일랜드, 그리스, 오스트리아, 네덜란드 등 8개국의 제조업지수를 종합해 1997년 처음 공개되었다. 3,000여 명의 제조업체 구매 관리자의 설문 응답을 집계해 작성한다. 설문 항목과 지수 가중치는 중국의 PMI와 같다.

유로존 제조업 PMI는 2013년 9월 51.1로 전월보다는 0.3p하락했지만 3개월 연속 50을 웃돌아 경기침체에 대한 우려가 누그러진 상황이다.

세계 제조업 PMI는 주요 23개국의 제조업지수를 통합해 2003년부터 발표되었다.

현재 세계 제조업 PMI의 대상은 32개국으로 확대되었으며 한국도 포함된다. 영국의 markit과 세계투자은행 JP모건이 지수를 산정한다.

금융위기 이후 주식시장에서도 제조업 PMI에 대한 주목도가 높아졌다. 금융업 비중이 축소되면서 제조업 비중이 상대적으로 커졌기 때문이다. 세계 제조업 PMI와 모건스탠리캐피털인터내셔널(MSCI: Morgan Stanley Capital International) 세계지수의 상관계수는 금융위기 이전(2005~2008년) 0.45에서 금융위기 이후(2009년~2011) 0.79로 높아졌다.[7)]

2013년 9월 세계 제조업 PMI는 51.8로 전달 대비 0.2p 올랐다. 세계 제조업 PMI를 구성하는 한국의 PMI는 49.7로 다시 기준선인 50에 바짝 다가섰다.

---

7) 이재만·조병현, 『소통, 시장과 대화가 필요하다』, 22쪽.

☞ 유로존 제조업 PMI와 세계 제조업 PMI에 관한 더 많은 정보는 …

http://www.markiteconomics.com

## 2. 미국 고용지표

### 1) 미국 고용 보고서

2012년 11월 2일 새벽 워싱턴 정가는 긴장된 표정으로 미국 노동부를 주시했다. 나흘 앞으로 다가온 대선(11월 6일)의 향방을 가를 수도 있는 전 달의 고용지표가 곧 발표되기 때문이었다.

미국 '고용 보고서'의 영향력은 버락 오바마(Barack Obama)처럼 현직 대통령으로 재선에 도전했던 로널드 레이건(Ronald Reagan)과 조지 W.부시(George W. Bush)의 사례에서 찾아볼 수 있다. 레이건과 부시가 재선 도전을 앞둔 시기 모두 실업률(Unemployment Rate)이 하락세를 보였고 이들은 재집권에 성공했다. 오바마의 집권 1기 실업률 추이는 특히 레이건 집권 1기와 매우 닮았다. 집권 전반기에 경기침체로 10%대까지 급등했던 실업률이 임기 중반을 지나면서 점차 하락세로 돌아섰고 재선을 앞둔 시점에서는 7%대에서 횡보(橫步)했다는 공통점이 발견된다.

이날 미국 노동부가 발표하는 고용지표는 2012년 들어 실업률을 낮추기 위해 총력전을 펼쳐온 오바마 정부는 물론 정부의 고용정책을 강도 높게 비판해온 공화당의 미트 롬니(Mitt Romney) 후보 진영 모두에 초미의 관심사였다.

마침내 뚜껑이 열린 미국의 10월 고용지표는 엇갈렸다. 실업률은 올라갔지만 취업자 수는 늘어났다. 실업률은 7.9%로 전 달 대비 0.1%p 소폭 상승했다. 하지만 구직 포기자들이 경기회복 기대감으로 다시 구직 활동에 나서면서 이들이 실업자 통계에 잡혔기 때문에 실업률이 오른 것이라는 긍정적인 해석이 나왔다. 게다가 비농업 분야 취업자 수는 17만 1,000명이나 늘어 11만 4,000명이었던 전 달의 수치는 물론 시장의 예상치(12만 5,000명)를 크게 웃돌았다. 나흘 뒤 오바마는 재선에 성공했다.

### (1) 비농업 분야 취업 인구(Nonfarm Employment)

미국 노동부는 매달 고용 동향을 조사해 다음 달 첫 번째 금요일에 '고용 보고서'를 발표한다. 고용 시장의 상세한 수치가 월 초에 발표되어 금융시장에 미치는 영향력이 크다.

'고용 보고서'는 가계와 기업을 대상으로 한 2개의 개별 조사로 구성된다. 미국 노동통계국(Bureau of Labor Statistics)이 매달 12일이 끼어 있는 주에 전화와 우편을 통해 실시한다.

6만 가구를 표본으로 선정하는 가계 조사에서는 취업과 상근 여부, 실업자인 경우 실직 기간과 구직 노력 여부 등을 묻는다.

기업 조사는 비농업 분야 고용자의 1/3에 달하는 16만 개 기업(40만 개 사업장)과 정부기관을 대상으로 한다. 각 사업장의 임금대장을 조사해 새로 만들어지거나 없어진 일자리 수를 계산한다. 비농업 분야의 일자리는 제조업과 서비스업으로 나뉘며 각 산업 부문과 지역별로 집계된다. 주당 평균 노동시간과 시간당 평균 임금을 조사해 함께 발표한다.

매달 초에 발표되는 '고용 보고서'는 해당 월에 발표될 소비지표와 생산지표는 물론 분기별로 발표되는 GDP 증가율을 가늠할 수 있는 단서가 된다. 이 가운데 전체 노동자의 80%를 차지하는 비농업 분야 일자리 수 증감은 고용의 핵심 지표로 주목받는다. 신규 고용이 많아지면 가계의 임금 소득이 늘어 소비 여력이 커진다. 소비가 늘면 기업의 수익성도 좋아져 경제 전반이 성장할 수 있다. 반면 고용이 줄면 소비가 위축되고 기업 매출이 감소해 경기에 좋지 않은 영향을 준다. 일자리 증감은 특히 자동차·컴퓨터 등 상관성이 높은 내구재 소비의 선행지표로 사용된다.

2008년 글로벌 금융위기 이후 미국의 고용지표는 경기회복을 판단하는 매우 중요한 잣대가 되었다. 2008년 이후 일자리 수 변화를 보면 금융위기의 파장이 얼마나 컸는지 알 수 있다. 미국 노동

〈그림 3-3〉 미국 비농업 분야 취업 인구 추이

단위: 천 명

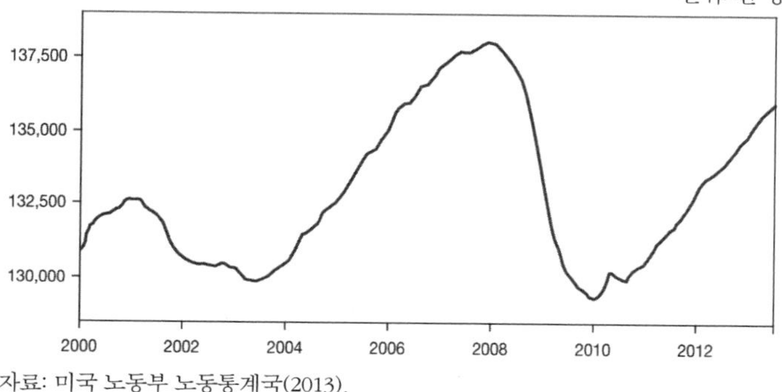


자료: 미국 노동부 노동통계국(2013).

통계국 자료를 보면 2004년부터 4년 연속 증가세를 이어오던 비농업 분야 고용 인구는 2008년 2월 8만 5,000명이 감소하며 이상기류에 휩싸이기 시작했다. 갈수록 상황은 악화되어 미국의 투자은행 리먼브러더스가 파산 신청을 한 9월에는 45만 9,000명이 일자리를 잃었고 11월에는 77만 5,000명으로 감소폭이 더 늘어났다. 이듬해인 2009년 3월에 83만 명이 줄며 최악의 수치를 기록했다.

2008년 한 해 미국 비농업 분야 취업 인구는 1억 3,804만 2,000명(2007년 12월)에서 1억 3,442만 5,000명(2008년 12월)으로 361만 7,000명이 감소해 1939년 통계가 작성된 이래 최대치를 기록했다. 2009년에는 505만 2,000명이 감소하며 다시 기록을 갈아치웠다.[8)]

---

8) 미국 노동통계국 데이터베이스(http://data.bls.gov/cgi-bin/surveymost?bls).

산업별로는 서브프라임모기지 사태의 직격탄을 맞은 건설과 금융업종의 취업자 수가 급감했다.

금융위기 이후 미국 정부가 재정과 통화정책을 총동원하면서 경제는 생각보다 빠르게 나아졌지만 고용 회복세는 상대적으로 더뎠다. 일자리는 26개월만인 2010년 3월 증가세로 돌아섰고 2010년 월평균 취업자 수는 8만 5,000명 증가하는 데 그쳤다. 2011년에는 대부분 산업 분야 취업자 수가 증가하며 월평균 17만 5,000명이 늘어났다. 대선을 의식한 오바마 정부가 고용 창출을 독려한 2012년에는 월평균 18만 2,000명이 증가했고, 2013년 들어 8월까지 월평균 고용 증가도 18만 명에 머물렀다.[9] 2013년 8월 현재 비농업 분야 취업 인구는 1억 3,613만 3,000명으로 2008년 1월의 1억 3,805만 6,000명에 192만 명 정도 미치지 못했다. '고용 없는 성장'의 대명사였던 미국 경제가 이제 '고용 없는 경기회복'이라는 비판에서 벗어날 수 있을지 주목되는 시점이다.

### (2) 주당 평균 노동시간과 시간당 평균 임금

비농업 분야 주당 평균 노동시간의 증감도 경기를 예측하는 데 유용한 지표다. 주당 평균 노동시간이 계속 늘어나면 사주는 추가

9) 미국 노동통계국 비농업 분야 고용 추이 표(http://www.bls.gov/news.release/empsit.t17.htm).

고용에 대한 압박을 받는다. 기존 노동자를 최대한 활용하더라도 1인당 노동시간이 물리적인 한계를 넘어서면 신규 고용에 나설 수밖에 없다. 전체 노동시간이 늘면 생산이 증가하고 경제가 활기를 띤다. 반대로 평균 노동시간이 계속 감소하면 사주는 감원에 나서고 이에 따라 소비와 생산이 줄면서 경제는 침체에 빠진다.

이렇듯 노동시간의 증감은 경기에 앞서 움직이는 경향이 있다. 특히 제조업 분야의 평균 노동시간은 소비자의 수요에 민감하게 움직인다. 경기선행지수 항목에 제조업 평균 주당 노동시간이 포함되는 이유다.

주당 평균 노동시간이 증가하면 시간당 평균임금도 인상되는 경우가 많다. 인력 부족이 임금 상승 압박으로 이어지는 것이다. 2013년 8월의 경우 주당 노동시간은 34.5시간으로 전 달 대비 0.1시간 증가했고, 시간당 임금은 24.05달러로 전 달 대비 0.2% 상승했다.[10] 주간 노동시간 증가나 시간당 평균 임금 상승은 신규 고용이 늘어날 것이라는 신호로 볼 수 있다. 시간당 평균 임금으로 인플레이션 압력을 가늠할 수도 있기 때문에 미국 연방준비제도가 금리 등 통화정책을 결정할 때 주의 깊게 살피는 지표다.

---

10) 미국 노동통계국 주당 노동시간 표(http://www.bls.gov/news.release/empsit.t18.htm); 미국 노동통계국 시간당 임금 표(http://www.bls.gov/news.release/empsit.t19.htm).

### (3) 실업률

미국 '고용 보고서'에 발표되는 실업률은 미래 소비에 중요한 영향을 끼치기 때문에 금융시장에서 주목하는 지표다. 실업률이란 경제활동인구[11] 가운데 실업자가 차지하는 비율을 말한다. 즉, 노동이 가능한 사람 중에서 현재 직업을 구하지 못했거나 잃은 사람의 비율이다.

정부는 실업자 중 노동할 의사가 있는, 즉 일자리를 열심히 찾고 있는 사람만을 경제활동인구에 포함시킨다. 지난 4주 동안 구직을 위한 노력을 했어야 실업자로 인정한다. 계속된 실패로 구직을 포기한 실업자는 아예 경제활동인구에 들어가지 않기 때문에 실업률 계산에서도 빠진다. 이러한 구직 단념자를 실업자에 포함시키면 실제 실업률은 공식 실업률보다 높게 나타난다. 정부가 발표하는 실업률과 체감 실업률에 차이가 나는 이유다. 2013년 8월 미국의 실업률은 전 달에 비해 0.1%p 하락한 7.3%로 2008년 12월 이후 최저치를 기록했다. 여기에는 경제활동인구의 비율이 0.2%p 낮아진 것이 영향을 끼친 것으로 풀이된다. 8월에 기록한 경제활동참가율(경제활동인구/생산가능인구) 63.2%는 1978년 이래 35년 만에 최저

---

11) 경제활동인구는 16세 이상으로 재화나 용역을 생산하기 위해 노동을 제공할 의사와 능력이 있는 사람을 말한다. 취업자와 일자리를 찾고 있는 실업자를 포함한다. 학생, 주부, 군인, 환자 등은 제외된다.

〈그림 3-4〉 미국 실업률 추이

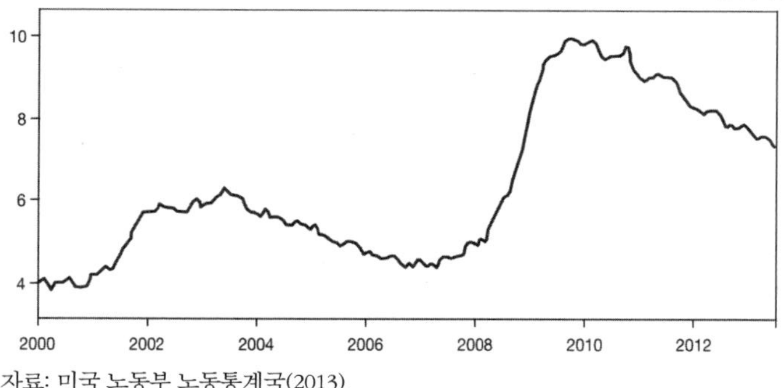


자료: 미국 노동부 노동통계국(2013).

치였다. 고용률(취업자/생산가능인구)이 58.6%로 5개월 만에 하락한 것도 실업률 하락이 구직 단념자의 증가에 따른 것임을 뒷받침해준다.

실업률은 앞에서 설명한 고용지표에 비해 뒤늦게 움직이지만 경기 하강 국면 차원에서는 얘기가 달라진다. 경기가 살아날 기미를 보이면 기업은 일단 노동시간이나 임금을 늘린 뒤 지켜보는 경향이 있다. 경기회복 추세가 완연해지거나 노동생산성이 비용보다 빠르게 증가하는 것을 확인한 뒤에 신규 채용에 나서는 보수적 습성 때문이다. 따라서 실업률은 경기회복 초기 단계에서는 여전히 높은 수준을 유지하다가 뒤늦게 떨어지는 경향이 강하다. 이재만 동양증권 이코노미스트의 조사 결과에 따르면 미국의 실업률은

1960년 이후 경기가 바닥을 찍은 4개월 뒤부터 하락하기 시작했다. 1990년 이후에는 그 시차가 8개월 정도로 확대되었다.[12] 경기회복이 고용 회복으로 이어지는 기간이 점점 길어지는 것이다.

반면 경기가 침체될 기미가 엿보이면 고용주는 서둘러 노동자를 해고하는 습성이 강하다. 2007년 12월 미국 비농업 분야 취업인구 수는 최고치를 향해 치닫고 있었지만 실업률은 전 달 4.7%에서 5%로 급등하며 경기가 나빠질 것이라는 신호를 미리 보냈다. 이렇듯 경기 둔화 국면에서는 실업률이 선행지표 역할을 한다. 실업률이 오르기 시작하면 경기침체 가능성을 놓고 학자 간 논쟁이 벌어지는 것도 이 같은 맥락으로 볼 수 있다.

미국 고용의 아킬레스건은 장기 실업자가 너무 많다는 점이다. 곽현수 신한금융투자 연구원의 자료에 따르면 미국의 전체 실업자 중 6개월 이상의 장기 실업자 비율이 최근 40%에 육박했다. 경기침체가 시작된 2007년의 두 배 가까운 수준이다.[13] 미국은 실업기간이 26주(6개월)를 넘어서면 실업수당을 지급하지 않는다.

경기가 회복되려면 실업률뿐 아니라 실업기간도 감소해야 한다. 1990년대 미국 경제 호황 당시 평균 실업기간은 14주였다. 하지만 2008년 금융위기를 기점으로 평균 실업 기간은 20주를 넘어

12) 이재만·조병현, 『소통, 시장과 대화가 필요하다』, 64쪽.

13) 곽현수, 『미국 고용의 문제점』(신한금융투자 리서치센터, 2013), 6쪽.

섰고 2013년 들어 8월까지 평균 35주 안팎을 기록했다.

(4) 불완전고용

실업률만으로는 고용시장의 실상을 깊숙이 들여다볼 수 없다. 불완전고용(Underemployment) 현황을 통해 고용의 질적인 측면을 파악할 수 있다. 불완전고용은 정식 일자리를 구하지 못해 비상근 계약직이나 시간제(파트타임)로 일하는 고용형태를 말한다.

불완전고용률도 실업률처럼 경기회복 때는 후행하고 경기침체기에는 선행한다. 기업은 경기가 조금 나아지더라도 비상근직을 바로 정규직으로 쓰지 않는다. 경제가 확실하게 회복 국면에 들어설 때 정규직 일자리를 늘린다.

반면 경기가 나빠질 조짐을 보이면 기업은 직원을 시간제 등으로 돌린다. 인건비를 줄이면서 인력을 탄력적으로 운용하려는 의도다. 강요된 비상근직 노동자가 생겨나는 것이다. 불완전고용률이 높아지면 경기가 나빠진다는 신호로 볼 수 있다.

일반적으로 실업률 감소는 인력 수요 증가에 따른 임금 인상 요인으로 작용한다. 임금이 오르면 소비 지출이 늘면서 경제가 성장한다. 하지만 시간제 등 불완전고용의 비중 증가로 실업률이 감소하는 경우에는 임금이 오르지 않는 경우가 많다. 임금 인상을 동반하지 않는 실업률 감소는 경제 성장에 별 도움이 되지 않는다.

오태동 LIG투자증권 연구원이 분석한 자료를 보면 2013년 6월 미국의 전체 고용 인구는 16만 명 증가했지만 그 속내를 뜯어보면 시간제 고용 인구가 36만 명 증가했고 풀타임 고용 인구는 24만 명 감소했다. 2008년 말과 비교하면 시간제 고용 인구는 173만 명 증가한 반면 풀타임 고용 인구는 110만 명 감소했다. 그는 또한 실업률 통계에 잡히지 않는 구직 희망자와 풀타임 고용을 원하는 시간제 노동자를 포함한 체감 실업률은 14%에 이른다고 설명했다.[14)]

미국 고용시장의 주요 수치는 개선되었지만 고용의 질적 측면에서 보면 아직도 불안정하다는 얘기다.

☞ **고용지표에 관한 더 많은 정보는 …**

http://www.bls.gov/news.release/empsit.toc.htm

☞ **불완전고용지표에 관한 더 많은 정보는 …**

http://www.bls.gov/news.release/empsit.t08.htm

---

14) 오태동, 『미국, 고용 있는 경기회복의 역설』(LIG투자증권 리서치본부, 2013), 3~4쪽.

## 2) 주간 실업수당 청구 건수

미국의 모든 주는 실업보험 프로그램을 운영한다. 주별로 조금씩 다르지만 대부분 최대 26주까지 실업수당을 지급한다. 미국 노동부 산하 고용훈련국은 일자리를 잃고 처음으로 실업수당을 신청한 사람의 수(Initial Claims)를 매주 집계해 그 다음 주 목요일 오전에 발표한다. 재취업하지 못해 계속해서 실업수당을 받는 실직자 수(Continued Claims)도 함께 산출한다. 각 주 정부가 보내온 실업수당 청구 접수 자료를 토대로 작성한다.

짧은 주간 단위여서 변동성이 큰 데다 휴일이 낀 주나 휴가철에는 신청 건수가 줄어든다. 이 기간에 신청하지 못한 실업자들이 한꺼번에 몰리는 그 다음 주에 신청 건수가 급증하는 현상이 나타난다. 이런 문제점을 보완하기 위해 신청 건수의 4주 이동평균 자료를 함께 발표해 신뢰도를 높인다.

실업수당 청구 건수(Unemployment Insurance Claims)는 실업률에 선행하는 지표다. 실업수당 청구 건수가 줄면 실업률이 하락하고, 청구 건수가 늘면 실업률이 올라갈 것으로 보면 된다.

실업수당 청구 건수는 경제조사기관인 컨퍼런스보드의 경기선행지수 항목에 포함되어 있다. 실업수당 청구 건수의 추이가 경기를 예측하는 데 도움을 주기 때문이다. 청구 건수가 줄어들면 고용

〈그림 3-5〉 미국 주간 실업수당 신규 청구 건수 추이

단위: 명

주) 각 연도별 1월 1일 기준.
자료: calculatedriskbolg.com.

환경이 좋아지는 것으로 해석되는데, 소비와 투자가 늘어 경제에 생기가 돈다. 실업수당 청구 건수가 고점을 찍고 내려오면 수개월 뒤 경기가 바닥을 치고 회복 국면에 들어서는 경우가 많았다.

반대로 수당 청구 건수가 많아지면 고용 사정이 나빠진다는 신호로, 소비심리 악화에 따라 지출이 줄고 기업의 투자도 위축되어 경제에 부정적인 영향을 끼친다. 신청 건수가 시장의 예상치를 웃돌면 금융시장에도 좋지 않은 영향을 준다.

연구기관은 대체로 실업수당 신규 청구 건수가 40만 건 이상 지속되면 경기침체, 37만 5,000건을 밑돌면 경기회복, 33만 건 이하

로 유지되면 경기 확장 신호로 해석한다.

국회예산정책처 분석 자료에 따르면 미국의 실업수당 신규 청구 건수는 1980년대 45만 건, 1990년대 40만 건, 2000년 이후 금융위기 전까지 37만 건으로 점차 감소하는 추세였다.[15] 하지만 2008년 미국발 금융위기가 터지면서 증가세로 반전되었다. 2009년 3월 28일 발표된 전 주의 신규 청구 건수는 67만 건으로, 사상 최고치였던 1982년 9월 마지막 주(69만 5,000건) 이후 26년여 만에 가장 많은 청구 건수를 기록했다.[16]

2013년 9월 12일 발표된 주간 신규 청구 건수는 29만 2,000건으로 7년 5개월 만에 30만 건 아래로 내려가면서 개선되는 모습을 보였다.

☞ **주간 실업수당 신청 건수에 관한 더 많은 정보는 …**

· 미국 노동부
http://www.workforcesecurity.doleta.gov/unemploy/claims.asp

---

15) 유승선 외, 「국내외 경제지표 해설」, 56쪽.

16) 미국 노동부 고용훈련국 리포트[(r539cy)http://www.ows.doleta.gov/unemploy/claims.asp].

### 3) ADP 전미 고용 보고서

미국 민간 고용 조사기관 오토매틱데이터프로세싱(ADP: Automatic Data Processing)과 경제예측기관인 매크로이코노믹어드바이저스(Macroeconomic Advisers)가 정부 기관을 제외한 미국 민간 부문의 고용 현황을 조사해 공개한다. 2006년 처음 공개된 「ADP 민간 고용 보고서(ADP National Employment Report)」는 비농업 분야 35만 개 민간 기업에서 수집한 급여 자료를 분석해 산출한다.

고용 여부를 결정할 때 경제 상황에서 상대적으로 자유로운 정부 기관의 수치가 빠져 있어 실제 고용 사정을 더 잘 파악할 수 있다. 민간 기업은 경기가 좋아질 것으로 확신하거나 자사 매출이 늘어날 것이라고 자신할 때 고용을 늘리는 경향이 강하기 때문이다.

「ADP 민간 고용 보고서」는 고용 현황을 제품과 서비스 생산 부문으로 나눈 뒤 기업 규모별로 다시 분류한다. 제조업은 서비스 부문에 비해 경기 변동에 민감하다. 가계 살림이 어려워지면 먼저 비싼 소비재의 구매부터 미루기 때문이다. 따라서 제조업체의 고용 증감을 통해 경기 사이클의 변화를 예측할 수 있다. 제조업체 중에서도 대기업보다 경기 변화에 더 민감한 중소업체의 고용 상황이 경기의 선행지표로 유용하다고 볼 수 있다.

「ADP 민간 고용 보고서」는 미국 노동통계국의 조사처럼 매월

〈그림 3-6〉 비농업 분야 민간 고용 증감 추이

단위: 천 명

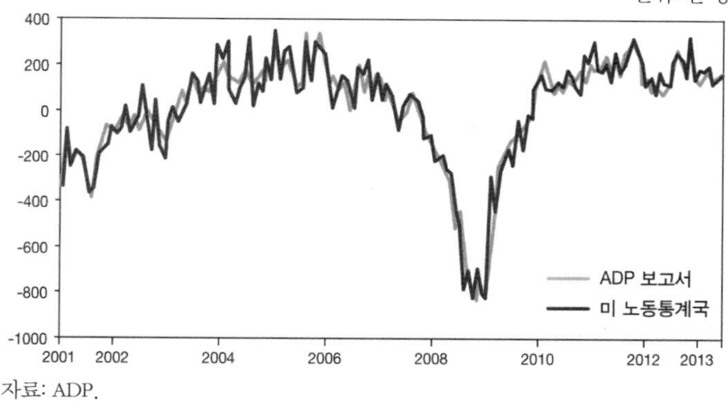


자료: ADP.

12일이 포함된 기간의 급여 자료 중심으로 분석된다. 또한 노동통계국의 '고용 보고서' 발표 이틀 전에 발표되어 시기적으로도 노동부의 비농업 분야 민간 취업 인구를 예측하기에 적절하다. 예를 들면 2013년 9월 4일 발표된 8월 ADP 민간 고용은 전 달 대비 17만 6,000명 늘어났는데, 이틀 뒤인 9월 6일 발표된 미국 노동부의 8월 비농업 분야 민간 고용도 15만 2,000명 증가해 비슷한 추이를 나타냈다.

ADP는 2001년 이후 그들의 보고서가 노동부 발표 수치와 0.9에 가까운 상관관계를 보였다고 주장한다. 하지만 종종 두 수치 간 큰 차이가 발생해 2012년에 지표를 일부 개편했다. 전문가들은 ADP

자료가 민간 일자리 수 증감의 방향성을 예측하는 데는 무리가 없는 것으로 본다.

☞ 「ADP 민간 고용 보고서」에 관한 더 많은 정보는 …

http://www.adpemploymentreport.com/

## 4) 기타 고용 관련 참고 지표

### (1) 기업 해고 발표(Layoff Annoucements)

고용 컨설팅 회사인 챌린저 그레이 앤드 크리스마스(challenger, Gray&Christmas)가 미 기업의 매월 해고 계획 발표를 수집해 그 다음 달 첫째 주에 자사 고객에게 알려준다. 해고자 수는 실업률에 앞서 움직인다. 해고자 수가 낮아지면 앞으로 실업률이 하락할 것이라는 신호다. 월간 해고자 수는 계절적 요인에 좌우될 수 있어 연간 단위 변화가 중요하다. 1980년대 이후 신자유주의가 득세하면서 상시적으로 노동자 해고가 이뤄지는 바람에 경기 변동과의 상관성이 약해졌다.

☞ **미국 기업 해고에 관한 더 많은 정보는 …**

http://www.challengergray.com/(* 회원 가입해야 열람 가능)

(2) 구인광고지수(Help-Wanted Advertising Index)

미국 전역의 51개 신문에 실린 기업의 구인광고 수를 조사해 지수로 만든 것이다. 미국의 민간 경제연구소인 컨퍼런스보드가 매월 마지막 주 목요일에 전 달의 지수를 발표한다. 신문에 채용 광고가 늘어난다는 것은 기업이 미래 경기를 좋게 전망한다는 것을 나타낸다. 반대로 구인 광고가 줄면 경기에 대한 기업의 전망이 비관적으로 바뀌었음을 뜻한다. 노동부가 발표하는 비농업 분야 일자리 수의 선행지표 성격을 갖는다. 구인광고지수가 높아지면 시차를 두고 비농업 분야 취업 인구가 증가하는 경향이 있다. 최근 취업사이트 등 인터넷을 통한 구인이 많아져 효용성이 다소 떨어지자 온라인 구인광고지수(Help Wanted OnLine)로 개편했다.

☞ **미국 구인광고에 관한 더 많은 정보는 …**

http://www.conference-board.org/data/helpwantedonline.cfm

## 3. 미국 주택시장지표

2008년 글로벌 금융위기의 발화점은 미국의 서브프라임모기지 사태였다. 여기서 시작된 부채 위기는 유로존의 재정위기로 옷을 갈아입었고 여태껏 세계경제를 불황의 늪에서 놓아주지 않는 손으로 작동했다. 결자해지라 했던가. 경기회복 여부를 확인하려면 가장 먼저 미국의 주택 경기지표를 봐야 한다.

### 1) 기존 주택 판매(Existing Home Sales)

미국부동산협회(NAR: National Association of Realtors)[17]는 전국 650여 개 부동산 중개업체로부터 중고주택 판매에 대한 자료를 받아 조사한 뒤 다음달 25일쯤 판매량과 함께 판매가격(중간값),[18] 시장에 매물로 나온 재고를 발표한다. 판매량은 월간 주택 판매량에 12를 곱해 연간 기준으로 환산한다.

미국 전체와 4개 지역(북동부, 서부, 중서부, 남부)의 주택 판매와 가격 정보를 포함한다.

---

17) 부동산 영업을 하는 1만 개에 가까운 중개업체로 구성된 민간단체다.

18) 중앙값(median value)이라고도 한다. 주택 판매가격을 크기 순서대로 배열했을 때 가운데 위치하는 값으로 평균값과는 다르다.

〈그림 3-7〉 미국 기존 주택 판매 건수

단위: 1,000채

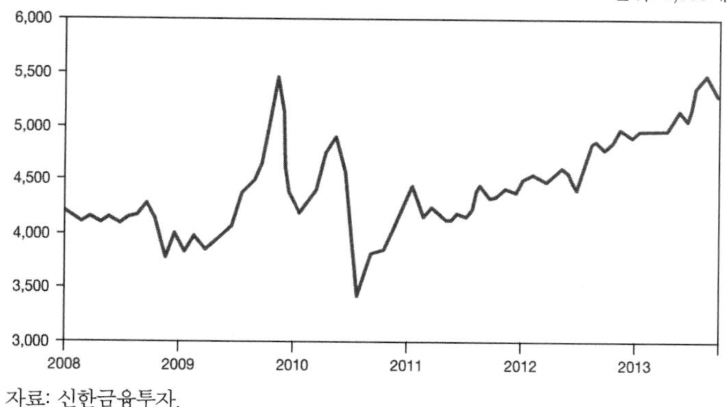


자료: 신한금융투자.

전체 주택 매매 가운데 80%가 기존 주택으로, 신규 주택 판매(New Home Sales)보다 주택 수요 측면에서 영향력이 더 크다.

기존 주택 판매는 주택 신축과는 달리 새로운 투자와 고용을 유발하지 못해 GDP에 미치는 영향은 작다. 하지만 중고 주택이라도 가구나 가전제품은 새로 장만하는 경우가 많아 가계 내구재의 소비 증가를 이끌어낸다.

기존 주택 판매는 매매가 완료된 시점에 비로소 통계로 잡힌다. 계약서 작성 뒤 소유권 이전까지 보통 1~3개월이 걸린다고 한다. 따라서 구입자가 계약서에 서명한 시점에 바로 판매로 잡히는 신규 주택 판매보다 시의성은 떨어진다.

재고를 판매하는 데 걸리는 기간을 나타내는 주택 재고율도 공개된다. 주택 재고율은 재고 물량을 판매 물량으로 나눈 것으로, 현재의 주택 시세와 판매 속도가 계속 유지된다고 가정했을 때 재고가 모두 소진되는 데 필요한 개월 수를 의미한다.

주택시장이 좋아지면 재고가 줄어들고 나빠지면 재고가 쌓이기 마련이다. 주택의 수요와 공급이 균형을 이루는 재고율의 기준은 대개 6개월로 본다.[19] 재고 소진에 걸리는 기간이 6개월을 넘으면 주택의 공급이 수요를 초과해 주택 가격이 떨어질 가능성이 높아진다. 반대로 재고 소진 기간이 짧아지면 수요가 공급을 초과해 주택 가격이 올라간다. 그렇게 되면 공급을 늘리기 위한 신규 주택 착공의 필요성도 커진다.

미국 주택시장은 2008년 서브프라임모기지 사태의 충격으로 거래가 급감하고 가격도 떨어졌다. 이후 미국 연방준비제도의 양적 완화와 초저금리 유지에 힘입어 2011년 하반기부터 회복되기 시작했다. 2013년 9월 기존 주택 판매량은 연간으로 환산해 529만 채로 1년 전에 비해 10.7% 늘어났고 판매가격(중간값)도 19만 9,200달러로 11.7% 올랐다. 하지만 전 달과 비교하면 판매량과 가격이 모두 뒷걸음질쳤다. 재고 소진 기간은 5.0개월로 전 달(4.9개월)보다 늘

---

19) 수급이 균형을 이루는 재고율을 4개월 보름~6개월로 잡는 시각도 있다.

어났다. 전문가들은 당시 모기지 대출 금리 상승이 주택 수요 위축으로 이어진 것으로 본다.

☞ **미국 기존 주택 판매에 관한 더 많은 정보는 …**

· 미국 부동산협회
http://www.realtor.org/topics/existing- home-sales

### 2) 잠정 주택 판매

기존 주택 판매 거래가 완료된 주택만을 기준으로 삼아 구매자의 계약 시점보다 1~2개월 늦게 집계되는 단점을 보완하기 위해 잠정(미결) 주택 판매지수(Pending Home Sales Index)를 개발했다.

미국부동산협회는 아직 대금 지급이나 모기지 대출이 완료되지 않은 상태의 매매 계약을 기준으로 잠정 주택 판매지수를 발표한다. 따라서 잠정 주택 판매는 신규 주택 판매처럼 기존 주택 판매보다 선행하지만 가격이나 재고 정보는 제공되지 않는다.

잠정 주택 판매지수는 2005년부터 발표되었으며 2001년의 계약 건수(=100)를 기준으로 삼아 작성된다. 전국 지수 및 4개 지역의 지수를 발표하는 점은 기존 주택 판매와 동일하다.

☞ 미국 잠정 주택 판매에 관한 더 많은 정보는 …

http://www.realtor.org/topics/pending-home-sales

### 3) 신규 주택 판매

미국 상무부 산하 통계국(The Census Bureau of the Department of Commerce)이 기존 주택 판매 발표 이틀 뒤인 매월 하순(4~5주)에 전 달의 신규 주택 판매 현황을 발표한다.

820개의 건축 허가 발행기관과 70개 이상의 표본 지역을 선정해 약 1만 명의 건설업자 및 1만 5,000명의 건설 프로젝트 소유자와의 전화나 인터뷰를 통해 얻은 수치다.[20)]

전 달 신규 주택 판매량을 역시 연간으로 환산하며 판매가격과 재고 소진 기간도 공개된다.

신규 주택 판매는 앞에서 설명했듯이 건축물의 완공 여부와는 관계없이 주택 구매자가 계약서에 서명하는 시점부터 판매로 기록되어 기존 주택 판매보다 선행성이 있다. 반면 계약이 파기될 경우 주택 판매량이 과다 추정될 수 있다.

---

20) 유재호, 『미국 주택시장』(키움증권리서치센터, 2009), 46쪽.

〈그림 3-8〉 기존 주택과 신규 주택 판매 가격

단위: 1,000달러

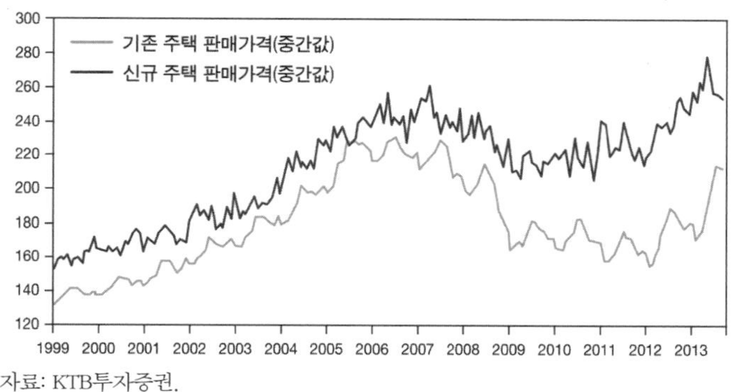


자료: KTB투자증권.

전체 주택 판매에서 차지하는 비중은 20% 안팎이지만 신규 주택 판매의 증가는 경제 전반에 큰 영향을 끼친다. 짓기 전에 산 것이므로 앞으로 신규 건설과 투자, 고용을 유발해 GDP 증가에 기여한다. 또 신규 주택 판매가 늘면 기존 주택 판매도 뒤따라 증가하는 경향이 있다.

신규 주택 물량이 모두 판매될 때까지 걸리는 기간을 나타내는 재고율(재고/판매) 역시 주택 시장의 수급 상황을 반영한다. 기존 주택과 마찬가지로 이 수치가 6개월 안팎일 때 수급이 균형을 이루고 가격의 변동이 적을 것으로 본다. 재고 소진 기간이 이보다 짧아질수록 가격 인상과 건설업체들의 주택 신축 움직임이 활발해진다. 반대로 이 기간이 길어지면 가격이 하락하고 신규 건설 활동이 침체기를 겪는다.

미국의 8월 신규 주택 판매는 연 환산 기준 42만 1,000채로 전달보다 7.9% 증가했지만 판매가격은 25만 4,600달러로 4개월 연속 하락했다. 재고 소진기간은 5.0개월을 기록했다.

☞ **미국 신규 주택 판매에 관한 더 많은 정보는 …**

· 미국 상무부 통계국
http://www.census.gov/construction/nrs/

### 4) 주택 착공과 건축 허가 건수

미국 상무부 통계국은 주택 착공과 건축 허가 건수(Housing Starts and Building Permits)를 조사해 매월 중순(2~3주차)에 전 달 수치를 발표한다. 주택 착공 수치는 건설 활동의 현황을 가장 잘 나타내는 공급지표다.

전화와 우편을 통해 미국 전역의 1만 9,000여 건설업체를 대상으로 조사한 신규 주택 착공건수를 연간으로 환산한다.

함께 발표되는 건축 허가 건수는 기초 공사 허가를 받은 주택 수를 연간으로 환산한 수치다. 주택 형태(단독주택, 아파트 등)와 지역별로 나눠 발표된다.

〈그림 3-9〉 주택 착공 건수 추이

단위: 1,000채

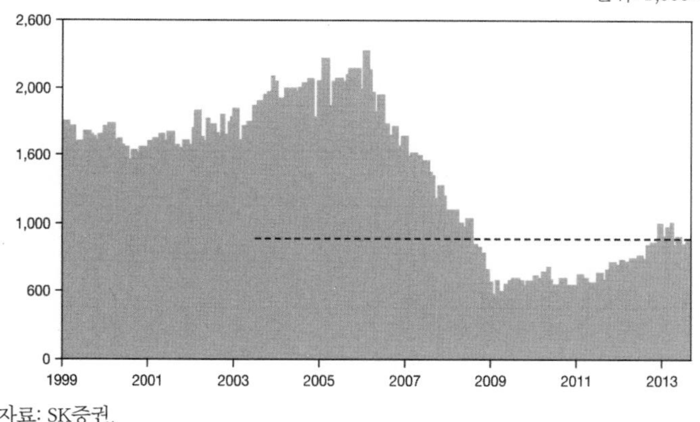


자료: SK증권.

주택 착공과 허가 건수의 증감 추이는 경기 변동을 가늠하는 선행지표로 활용된다. 특히 건축 허가는 주택 착공보다 두 달 정도 앞서 결정되고 건설 지출(Construction Spending)에 영향을 주기 때문에 경제조사기관인 컨퍼런스보드의 경기선행지수 구성항목에 포함된다.

2011년 4월 이후 증가세를 나타낸 두 지표는 최근 주춤거렸다. 2013년 8월 주택 착공 건수는 89만 1,000채(연 환산)로 전 달보다 0.9% 늘어나는 데 그쳤다. 2013년 4월 100만 채를 넘어서기도 했던 건축 허가 건수는 8월 기준 91만 8,000채로 전 달보다 3.8% 줄어들었다.

> ☞ **미국 주택 착공 및 건축 허가에 관한 더 많은 정보는 …**
>
> · 주택 착공 건수
> http://www.census.gov/construction/nrc/
> · 건축 허가 건수
> http://www.census.gov/construction/bps/

### 5) 건설 지출

미국 상무부 통계국은 매월 마지막 영업일에 전 달 건설 지출 수치를 담은 보고서를 발표한다.

건설 지출은 민간 부문의 주거용과 비주거용 건물, 공공 부문 건설로 나뉘어 집계된다. GDP의 구성요소인 건설 투자와 정부 지출로 이루어져 건설 활동의 GDP 기여도를 추정할 수 있다.

건물이 완공된 뒤 집계되기 때문에 주택 지표 중 가장 늦게 발표되며 후행지표 성격이 강하다.

2013년 8월 건설 지출 규모는 모두 9,151억 달러(연 환산 기준)로 5개월째 증가했으며 2009년 4월 이후 최고치를 기록했다. 비중이 가장 높은 민간 주거용 건설 지출이 1.2% 늘어나 5년 만에 최고치를 기록한 데 힘입었다.

> ☞ **미국 건설 지출에 관한 더 많은 정보는 …**
>
> http://www.census.gov/constructionspending

## 6) 주택가격지수

### (1) 미국주택건설업협회 주택시장 지수

미국주택건설업협회(NAHB: National Association of Home Builders)는 회원 업체를 대상으로 주택 경기에 관해 설문 조사한 결과를 해당 월의 중순(셋째 주)께 미국 상업은행 웰스파고앤드컴퍼니(Wells Fargo & Company)와 공동으로 발표한다. NAHB 주택시장지수 또는 주택시장 지수(HMI: Housing Market Index)라고 부른다.

조사 항목은 현재의 주택 판매 상황(59%), 앞으로 6개월간 주택 판매에 대한 예상(14%), 구매 대기자 규모(27%) 3가지로, 가중치를 곱해 지수를 산출한다. 긍정적(좋다, 많다)으로 답변한 수에서 부정적(나쁘다, 적다)으로 답변한 수를 빼는 방식으로 계산한다. 50이 기준선으로 수치가 50을 넘으면 주택 경기가 좋아질 것으로 보는 건설업체가 많다는 것을 의미한다. 50 미만이면 반대로 해석한다.

건설업자의 체감 주택경기를 나타내기 때문에 주택 착공 건수의 선행지표로 활용할 수 있다. 또 주택을 공급하는 건설업체의 신되지수라는 점에서 신규 주택 판매 및 재고 물량과 밀접하게 연관된다.

2009년 NAHB 주택시장지수는 1985년 지수 발표 이래 최저 수준인 9를 기록해 당시 주택건설업체의 체감경기가 얼마나 위축되었는지를 상징적으로 보여주었다.[21] NAHB 주택시장지수는 2012년 4월 24에서 2013년 1월 47로 2배 가까이 올랐다. 2013년 10월에는 기준선을 웃도는 55를 기록했다.

☞ **NAHB 주택시장지수에 관한 더 많은 정보는 …**

· 미국 주택건설업협회
http://www.nahb.org/HMI

### (2) 미국 연방주택금융청 주택가격지수

미국 연방주택금융청(FHFA: Federal Housing Finance Agency)은 전국 및 9개 지역의 주택가격지수(HPI: House Price Index)를 산출한다. 발표기관의 이름을 따 FHFA 주택가격지수라고 부른다. 분기별로 발표해오다 시의성이 떨어진다는 지적에 따라 2008년부터 월간지수도 발표하기 시작했다. 1991년 1분기(=100)를 기준으로 매

---

21) 이승우 외, 『시장 따라잡기』(대우증권리서치센터, 2009), 12쪽.

〈그림 3-10〉 FHFA 주택가격지수

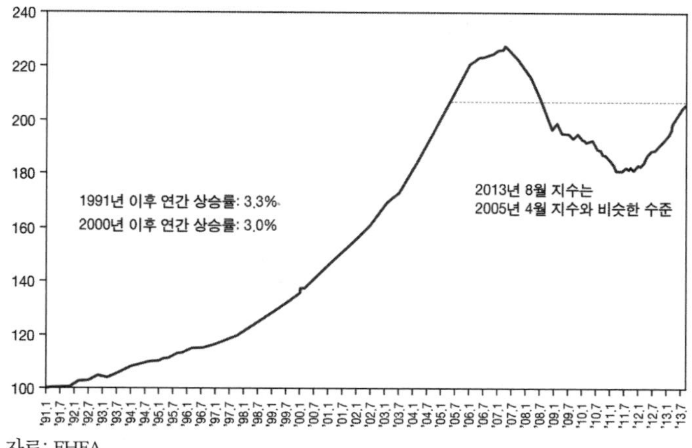


자료: FHFA.

월 넷째 주 화요일에 공개된다.

주택가격 측정은 S&P 케이스·실러 주택가격지수(Case-Shiller Home Price Indices)의 반복매매기법[22]을 적용한다. 두 번 이상 거래된 주택을 대상으로 지수를 산출하는 것이다. 따라서 서로 다른 주택의 매매 가격을 토대로 산정할 때 생기는 지수 변동의 편차를 없앨 수 있다.

---

22) 특정 주택이 몇 달 혹은 몇 년 뒤에 다시 팔릴 때 처음 거래되었던 가격과의 차이를 기록해 종류가 비슷한 집의 가치를 측정하는 방법이다. 우리나라 국토교통부의 아파트 실거래 가격지수도 반복매매기법으로 작성된다. 자세한 내용은 뒤에 나오는 S&P 케이스·실러 주택가격지수 참고.

FHFA 지수에는 동일한 주택의 재매매뿐 아니라 대출을 다시 받은 주택의 가격 변화도 함께 반영된다. 500만 건 이상의 재판매(purchase-only) 거래를 기초로 작성된 재판매지수 외에 재대출을 포함한 3,600만 건 이상의 데이터를 집계한 총 거래(all-transaction) 지수가 있다.

이 지수는 정부 보증 모기지 업체인 패니매이(Fennie Mae)와 프레디맥(Freddie Mac)의 주택금융을 감독하기 위한 목적에서 출발했다. 따라서 이들 업체의 우량 모기지 적격 대출(conforming)로 매입한 주택의 가격만 지수에 반영한다. 신용등급이 낮아 위험도가 높은 서브프라임모기지 대출을 받은 주택은 제외된 것이다. 이러한 한계가 있기 때문에 서브프라임모기지 사태가 벌어졌을 때 주택 가격의 하락을 지수에 제대로 반영할 수 없었다.

2007년 4월 최고치를 기록한 FHFA 주택가격지수는 서브프라임 모기지 사태가 터지면서 급락세로 돌변했다. 2011년 말을 전후해 바닥을 찍은 FHFA 지수는 2013년 8월까지 19개월 연속 오름세를 이어왔다. 최근 모기지 금리 상승에 따라 상승폭은 작아졌다.

☞ **FHFA 주택가격지수에 관한 더 많은 정보는 …**

http://www.fhfa.gov/Default.aspx?Page=85

### (3) S&P 케이스·실러 주택가격지수

미국의 대표적인 주택가격지수인 S&P 케이스·실러 주택가격지수는 2013년 노벨경제학상 수상자로 선정된 로버트 실러(Robert Schiller) 예일대 교수와 칼 케이스(Karl Case) 웰즐리대 교수가 1980년대 초반 공동으로 개발한 것이다.

국제신용평가회사 S&P와 정보관리업체 파이서브(Fiserv Lending Solution and Standard Poor's)[23]가 작성해 발표한다. 2000년 1월(=100)을 기준으로 삼았다.[24] 지수는 시카고상업거래소에서 파생상품으로 거래된다.

S&P 케이스·실러 주택가격지수는 20개 도시 개별지수, 10대 도시 종합지수,[25] 20대 도시 종합지수,[26] 미국 전역을 9개 구역으로

---

23) 1991년 실러와 케이스 교수, 실러의 제자가 케이스실러와이스(Case Shiller Weiss, Inc.)를 공동 설립해 주택가격지수를 발표했다. 2002년에 정보관리업체인 파이서브가 이 회사를 사들였고 이것이 대중적인 케이스·실러 주택가격지수가 되었다. 2006년 들어 국제신용평가사인 S&P가 파이서브와 동업자가 되어 함께 지수를 산출한다.

24) 이전의 데이터는 케이스·실러주택가격지수가 처음 발표된 1987년 1월까지 볼 수 있다.

25) 10대 도시는 보스턴, 시카고, 덴버, 라스베이거스, 로스앤젤레스, 마이애미, 뉴욕, 샌디에이고, 샌프란시스코, 워싱턴 D.C다.

26) 20대 도시는 10대 도시에 애틀랜타, 샬럿, 클리블랜드, 댈러스, 디트로이트, 미니애폴리스, 피닉스, 포틀랜드, 시애틀, 탬파가 추가된다.

구분한 전국 지수[27] 등 4가지로 구성된다. 전국 지수는 분기별(2월, 5월, 8월, 11월) 마지막 주 화요일에 발표되고 나머지 세 지수는 매달 마지막 주 화요일에 두 달 전 수치로 발표된다. 모든 대도시를 대상으로 하지 않는 이유는 거래내역을 충분히 수집할 수 없어서다. 텍사스와 같은 일부 지역에서는 거래 가격을 공개하지 않는다고 한다.[28]

이 지수는 평균 주택가격이 얼마나 변하는지를 측정하기 위해 케이스 교수와 실러 교수가 발전시킨 반복거래기법, 즉 '반복 매매지수 모형(repeat sale price index model)'을 사용한다. 반복 매매지수 모형이란 종류가 비슷한 집의 가치를 측정하기 위해 적어도 두 번 이상 거래된 주택의 가격 변화 자료를 토대로 지수를 작성하는 것을 말한다. 당연히 신규 주택은 해당되지 않는다.

지수를 계산하려면 먼저 조사대상 월의 주택 거래 자료를 수집해 두 번 이상 거래된 집의 새로운 가격과 처음 팔렸을 때 가격을 비교해 차이가 얼마인지를 파악해야 한다. 예를 들어 2013년 110만 달러에 팔린 주택이 2012년 100만 달러에 매매된 적이 있는 경우 2013년 주택가격지수를 2012년 대비 10% 높은 수준으로 산정

---

27) 9개 인구조사 지역은 동북중부, 동중남부, 중부대서양연안, 로키산맥, 뉴잉글랜드, 태평양, 남대서양, 서중북부, 서중남부 등이다.

28) 유재호, 『미국 주택시장』, 51쪽.

한다. 여기에 주택가격의 절대 수준, 재판매에 걸린 기간 등을 고려해 서로 다른 가중치를 적용함으로써 등락폭을 가감한다.

이 지수의 조사 대상은 주거용 집으로 한정하며, 신뢰성과 일관성을 유지하기 위해 반복 매매되었더라도 가족끼리 거래했거나 용도가 변경된 주택은 제외한다.

대도시 종합지수는 월간 단위로 변동성이 크게 나타나 3개월 동안 축적된 거래 내역을 평균하는 이동평균법을 사용한다. 2013년 9월 마지막 주 화요일인 지난 24일 발표된 S&P 케이스·실러 주택가격지수는 7월 지수로, 5~7월 석 달간 거래된 가격을 토대로 산출되었다. 표본의 크기를 늘려 가격 변화 측정의 정확도를 높이려는 의도로 풀이된다.

S&P 케이스·실러 주택가격지수는 앞의 FHFA 지수와는 달리 정부 보증업체의 모기지 적격 대출뿐 아니라 프라임 모기지인 점보론[29)]과 서브프라임모기지 대출 등 부적격 대출을 통해 구입한 주택까지 가격 집계에 포함시킨다.

이러한 폭넓은 구성으로 주택시장의 전반적인 상황을 나타내 공신력 높은 지수로 평가된다. 2007년 서브프라임모기지 사태가 불거졌을 때 S&P 케이스·실러 주택가격지수는 이미 진가를 발휘

---

29) 고신용자 대상의 프라임 모기지의 일종으로 일정 금액을 초과하는 고액 대출을 말한다.

〈그림 3-11〉 미국 20대 도시 S&P 케이스·실러 주택가격지수

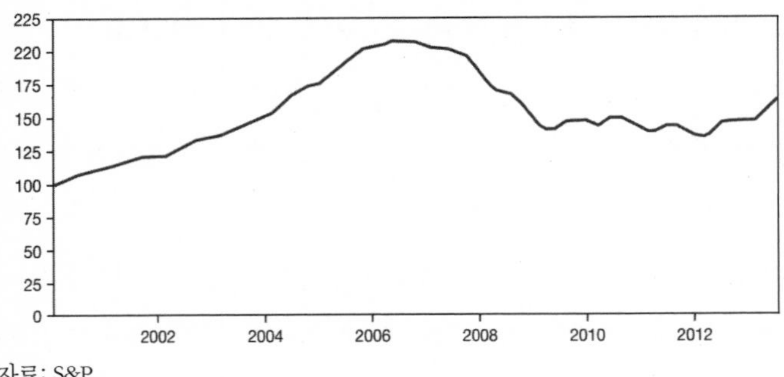


자료: S&P.

하며 세계적으로 유명해졌다.

반면 재판매 시점까지 주택의 노후나 리모델링 때문에 가격 변화를 왜곡할 수 있다는 단점이 있다.[30] 또 조사와 발표의 시차가 2개월로 다소 길어 신규 주택이나 기존 주택 지표에 비해 시의성이 떨어진다.

2006년 5월 사상 최고치를 기록한 S&P 케이스·실러 주택가격지수는 서브프라임모기지 부실과 리먼브러더스 파산으로 2008년 12월 27% 급락했다. 이후 경기침체가 지속되면서 2012년 3월에는 고점 대비 54%까지 하락했다.

미국 정부가 모기지 금리를 크게 낮추고 주택 금융 지원에 나서

---

30) 김진성 외, 『글로벌 금융경제』, 93쪽.

면서 20대 도시 가격 지수는 회복세를 보이기 시작했다. 2013년 7월 20대 도시 주택가격(계절 조정) 지수는 1년 전에 비해 12.4% 올라 2006년 2월 이래 최대 상승률을 기록했다. 전월 대비로는 0.6% 상승했다.

☞ **S&P 케이스·실러 주택가격지수에 관한 더 많은 정보는 …**

- http://www.spindices.com/index-family/real-estate/sp-case-shiller
- http://www.corelogic.com/products/case-shiller.aspx

### 7) 모기지 신청 건수

미국모기지협회(MBA: Mortgage Bankers Association)는 모기지 대출 신청서를 취합해 매주 수요일에 지수 형태로 발표한다.

모기기 신청지수 가운데 주택 구매를 목적으로 신청한 구매지수는 당연히 주택 판매에 많은 영향을 끼친다. 반면 기존 모기지의 재융자를 받기 위해 신청한 재융자지수(Refinancing Index)는 가계 소비 지출에 영향을 줄 수 있다. 재융자 신청 건수는 모기지 금리가 떨어질 때 증가하기 마련이다. 낮은 금리로 갈아타 절약한 이자의 일부는 소비 지출의 증가로 이어진다.

〈그림 3-12〉 모기지 신청지수와 금리

단위: %

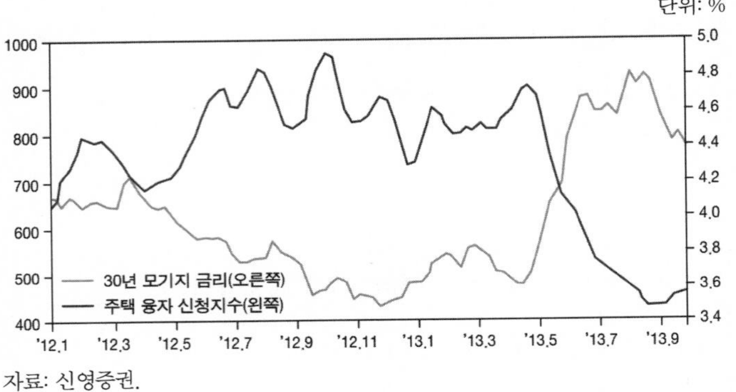


자료: 신영증권.

모기지 금리의 변동도 주택 판매에 적지 않은 영향을 준다. 경기 침체기에 모기지 금리 하락만으로 주택 수요 회복을 이끌어내기는 어렵지만 가계의 부채 부담이 완화된 상황에서 주택가격이 계속 떨어진다면 어느 정도 주택 구입을 유도할 수는 있다.

반대로 경기가 과열된 상황에서 모기지 금리가 상승하면 주택 수요를 위축시켜 주택 판매가 감소한다.

건축 허가와 착공 건수도 모기지 금리 변동과 2~3개월의 시차를 두고 움직인다.

미국 모기지 신청지수는 2013년 9월 초 385에서 10월 셋째 주에 454.5로 20% 가까이 증가했다. 모기지 금리가 소폭 하락하며 재융자 신청 건수가 증가했기 때문인 것으로 보인다. 미국 30년 모기지 금리는 9월 6일 4.8%를 고점으로 10월 18일 기준 4.43%까지 내려온 상황이다.

☞ **모기지 신청 건수에 관한 더 많은 정보는 …**

- www.mortgagebankers.org/newsandmedia
- http://www.mbaa.org/ResearchandForecasts/

## 4. 해운운임지수와 선박가격

### 1) BDI

해운업황을 나타내는 운임지수는 화물의 종류, 항로, 선박 크기 등에 따라 다양하다.

석탄, 철광석, 곡물 등을 싣고 세계 26개 주요 항로를 오가는 선박의 운임 지수를 BDI라고 한다. 런던에 있는 발틱해운거래소(Baltic Exchange)가 매일 발표해 BDI라고 불린다. 싣는 화물 중 마른 것, 즉 건화물(Dry Cargo)이 대부분이어서 영문에 'Dry'란 단어가 들어갔다. 건화물을 포장하지 않고 그대로 실어 운반하는 화물선을 벌크선(Bulk Carrier Ship)이라고 한다. 그래서 BDI를 건화물 운임지수, 혹은 벌크선 운임지수라고 부른다. 벌크선 화물의 운임과 배를 빌리는 용선료를 종합해 산정한다.

(1) BDI 구성 요소

벌크선은 크기에 따라 4가지로 구분된다. 먼저 파나마 운하나 수에즈 운하를 통과하지 못할 정도로 큰 배가 있다. 이들 배는 대양 사이를 이동할 때 남아메리카 남단의 케이프혼(Cape Horn)과 아프리카 남단의 희망봉(Cape of Good Hope)을 돌아서 운항한다. 그래서 이런 대형 선박을 케이프사이즈(Capesize)라고 한다. 주로 철광석을 운반한다.

세계 모든 항구를 자유롭게 드나들 수 있는 작은 배는 핸디사이즈(Handysize)라고 부른다. 주로 곡물을 운반한다. 케이프사이즈와 핸디사이즈의 중간 크기의 배로는 파나마 운하를 통과할 수 있는 파나막스(Panamax)와 수프라막스(Supramax)가 있다. 이들 4가지 선박에 각각의 운임지수가 있다. 배 유형의 영문 앞 글자를 딴 'BCI', 'BPI', 'BSI', 'BHSI'로 불린다. BDI는 이러한 4가지 하부 지수를 종합해 작성한다. 선박 크기별로 구성된 4가지의 화물 운임과 용선료의 지수를 가중 평균해 산정한 종합 운임지수인 것이다. 1985년 1월 4일의 운임을 기준(1000)으로 삼는다.

〈표 3-2〉 BDI 구성 요소

| 지수 | 선박 유형 | 배 크기 | 주요 운반물 |
|---|---|---|---|
| BCI | 케이프사이즈 | 8만 톤 이상 대형 | 철광석 |
| BPI | 파나막스 | 6~8만 톤 중형 | 석탄 |
| BSI | 수프라막스 | 4~6만 톤 소형 | 곡물 |
| BHSI | 핸디사이즈 | 2.5~3만 톤 소형 | 곡물 |

주: BDI는 과거 발틱화물지수(BFI: Baltic Freight Index)를 1999년에 계승한 것인데, 지수의 연속성 확보를 위해 승수(0.113473601)를 곱해 산출한다[BDI=(BCI+BPI+BSI+BHSI)/4 X 0.113473601].
자료: Baltic Exchange.

### (2) BDI의 의미

BDI는 광물과 곡식 등과 같은 원자재를 운반하는 선박의 운임 추이로, 이를 통해 산업 생산의 동향을 가늠할 수 있다. 배들이 원자재를 가득 싣고 바쁘게 돌아다니면 그만큼 생산이 활발하게 이뤄지는 것으로 추정할 수 있다. 경기가 좋아질 것으로 예상되면 기업이 제품 생산량을 늘리기 위해 필요한 원자재를 많이 사들이기 때문이다.

이런 점에서 BDI는 경제협력개발기구(OECD) 선행지수처럼 세계 경기의 선행지표 중 하나로 꼽힌다. BDI의 상승은 경기가 좋아진다는 신호다.

세계 경기가 좋아지면 국가 간 교역이 활발해지면서 원자재 물동량이 늘어난다. 물동량이 늘면 원자재를 실어 나르는 벌크선 운임과 용선료가 오르면서 해운업이 호황을 누린다. 이어 벌크선에 대한 수요가 늘어나 배값도 상승해 조선업도 호황을 누린다.

반대로 BDI가 낮아지면 공장에서 물건을 덜 만들어 원자재 수요가 줄고 있는 것이니 경기가 나빠질 것이란 신호다.

BDI는 인플레이션을 감지할 수 있는 지표로도 사용된다. 『인플레이션 다루기(Managing Inflation)』의 저자 마이클 후드(Michael Hood)는 인플레이션을 조기에 알려주는 8가지 경보 중 세계 선적비용을 추적하는 BDI를 주시해야 한다고 강조했다. 후드는 "BDI는 거래활동 그리고 경제성장과 이용가능한 자원의 관계에 대한 실시간 지표로, 글로벌 사이클의 전환점을 알려주는 경향이 있다"라고 말했다.[31)]

일반적으로 원자재가격과 같은 방향으로 움직이는 BDI를 통해 원자재시장의 이상 과열 여부도 점검할 수 있다. 2010년 하반기에는 BDI가 하락하는 가운데 원자재가격은 올라갔다. 원자재 수요와 물동량이 줄어드는데도 원자재가격은 오른 것이다. 이럴 때는 원자재시장에서 실물 수요와는 관계없는 투기적 거래가 일어나 가격이 상승한 것은 아닌지 의심해볼 필요가 있다.

BDI는 신흥국의 경기 상황과 밀접한 관련이 있다. 2003년 이후 원자재 수요가 급증하면서 BDI는 큰 폭으로 상승했다. 특히 철광

---

31) R. Powell, "8 early warning signs inflation is percola ting"(www.marketwatch.com, 2012).

석과 석탄을 많이 수입하는 중국 제조업 경기의 영향을 크게 받았다. 세계 최대 철광석 소비 국가인 중국이 수입을 늘리면 철광석을 운반하는 대형 선박의 운임지수인 BCI가 오르고 BCI의 영향을 많이 받는 BDI도 상승한다. 벌크선 시황의 열쇠는 중국의 경제 성장과 원자재 수요 규모에 달려 있다고 해도 과언이 아니다.

BDI는 조선업이 강하고 수출의존도가 높은 한국 경기와도 밀접한 연관이 있다. BDI 등락은 한국의 경기 흐름과 대체로 일치하고 수출 증가율에 선행하는 모습을 보였다.[32)]

### (3) BDI 추이

세계 경기에 민감한 BDI는 2008년 금융위기를 전후해 큰 폭으로 변동했다. 2006년부터 가파르게 상승하던 BDI는 2008년 5월 20일 사상 최고치인 1만 1,793을 찍었다. 이후 금융위기 충격으로 급락하기 시작해 불과 6개월여 만인 12월 5일 무려 94.4% 폭락한 663을 기록했다. 최저치 대비 최고치가 17.8배로 극심한 변동성을 보인 것이다.

세계 경기침체와 원자재 수요 감소로 지지부진한 흐름을 이어

---

32) 이정훈, 『BDI 상승 배경과 시사점』(우리금융경영연구소, 2013), 11쪽. BDI는 글로벌 금융위기 이후 회복 국면에서 한국 수출증가율이 정점을 기록한 2010년 3월에 비해 3개월 선행했다.

오던 BDI는 2012년 2월 3일 사상 최저치인 647을 기록했다. 중국의 건설업과 철강 산업 부진으로 재고가 쌓인 철광석과 석탄의 수입이 급감해 BDI의 핵심 구성 요소인 BCI가 급락한 것이 결정타였다. 중국의 철광석 수입량은 2012년 기준 세계 생산량의 67%에 달해 케이프사이즈 운임에 큰 영향을 준다.

바닥권을 좀처럼 벗어나지 못하던 BDI가 최근 2,000선을 돌파하며 다시 주목을 받았다. 2013년 초 700선에서 출발한 BDI는 완만한 상승세를 유지해오다 8월 14일 1,000선을 다시 돌파한 후 가파른 오름세를 보였다. 9월 하순 2,000선을 돌파해 10월 10일 기준 2,011을 기록했다. 연초 대비로는 188% 상승한 수치다.

최근의 BDI 상승 역시 중국 철강회사들이 경기회복을 예상하고 철광석 재고 확보에 나서면서 BCI가 크게 오른 데 힘입었다. BDI의 급등은 세계경기가 회복될 것이란 낙관론에 힘을 실어주었으며 이러한 추세가 이어질 경우 BDI와 높은 상관관계를 보이는 한국 수출에도 긍정적 영향을 줄 것으로 보인다.

이번 BDI 상승을 단기적 현상으로 보는 의견도 있다. 이들은 국제 철광석 가격의 하락에 따라 중국의 투기적인 수요가 늘어났다고 본다. 중국 철광석보다 해외 철광석 가격이 싸지자 수입을 늘린 데 따른 일시적 현상이라는 것이다.[33]

BDI 상승에는 실제 생산에 필요한 수요 증가와 원자재 사재기

〈그림 3-13〉 BDI 추이

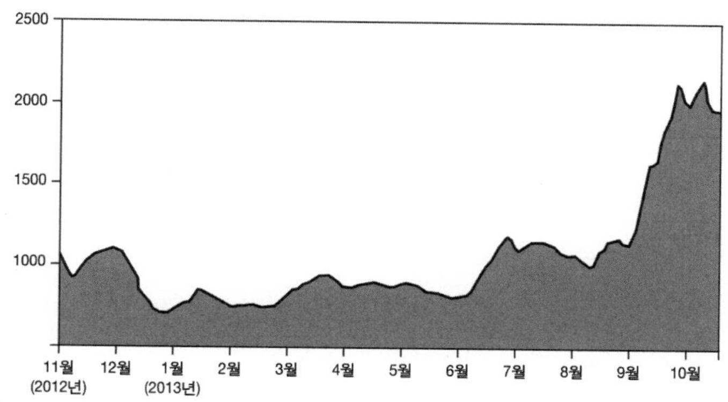


자료: Bloomberg.

라는 두 측면이 작용한다. 호주와 브라질 철광석의 중국 수입 물동량 증가가 실수요에 따른 것이라면 과거처럼 BDI의 상승으로 이어질 것이다. 하지만 중국 국내 가격과 수입 가격의 차이에 따른 요인이 더 강하다면 BDI의 추가 상승은 제한될 가능성이 높다.

또 철광석 수입이 늘더라도 철광석 가격이 하락하면 BDI의 상승세가 지속되기 어렵다. 화물값이 떨어지는 데 뱃삯만 오를 수는 없는 노릇이기 때문이다.

2011년 하반기에도 철광석의 중국 내수가격과 수입가격의 차이

---

33) 박무현, 『BDI 상승이 곧 Dry bulk 시황 개선은 아니다』(이트레이드증권, 2013), 1쪽.

가 커지면서 BDI가 일시적 강세를 보인 바 있다. 2009년에는 원자재가격과 운임가격이 싸지자 중국 상인들이 사재기에 나섰다. 쌀 때 사서 창고에 쌓아뒀다가 비쌀 때 팔아 이윤을 남기려는 전략이었다.[34)]

BDI 상승이 원자재의 실수요에 따른 것인지를 파악하려면 중국 공장의 가동률과 생산량이 늘어나는지와 이에 따라 원자재 재고가 감소하는지 여부를 살펴봐야 한다. 이런 점에서 중국의 철광석 가격과 재고량은 BDI의 선행지표라 할 수 있다.

BDI 2,000선은 과거 호황기와 견주어보면 절대적으로 낮은 수준이라고 할 수 있다. BDI의 추가 상승 여부는 결국 중국의 경기회복에 달려 있다.

☞ **BDI에 관한 더 많은 정보는 …**

- www.balticexchange.com
- http://www.bloomberg.com/quote/BDIY:IND
- http://ycharts.com/indices/%5EBDIY
- http://www.investmenttools.com/futures/bdi_baltic_dry_index.htm
- http://www.dryships.com/pages/report.asp

34) 이경수, 『원자재가격 및 BDI 급등에 대한 동상이몽』(토러스투자증권, 2009), 4쪽.

### 2) 컨테이너선 운임지수와 유조선 운임지수

경기가 실제로 회복되는지를 확인하려면 컨테이너선 운임지수(HRCI: Howe Robinson Container Index)를 함께 살펴볼 필요가 있다.

선박은 운송대상에 따라 벌크선, 컨테이너선,[35] 유조선(탱커)으로 나뉜다. 컨테이너선은 냉장고, 텔레비전 등의 가전 완제품을 실어 나르고 유조선은 석유 등 액체를 운반한다.

HRCI는 영국의 해운 중개업체인 호베 로빈슨(Howe Robinson)사가 1997년 1월 1일을 기준(=1000)으로 매주 발표한다. 세계 컨테이너선 용선시장에서 거래되는 14개 선형별 지표로 구성된다.

BDI는 원자재를 실어 나르는 벌크선을 대상으로 한 지수이고, HRCI는 완제품을 수송하는 컨네이너선을 대상으로 산출한다. 제품 생산에 들어가는 원자재의 수입물량이 늘어나면 BDI가 상승하고, 원자재로 만든 제품의 수출물량이 증가하면 HRCI가 높아진다. 따라서 HRCI는 BDI보다 후행하는 특성을 갖는다. BDI가 경기의 선행지표라면 HRCI는 경기의 동행지표라고 할 수 있는 것이다. 수출로 먹고사는 우리나라의 경우 들어오는 배는 벌크선이 많고 나

---

35) 하역 시간과 비용을 절감하기 위해 재래식 화물선에 규격에 맞는 컨테이너를 적재할 수 있도록 전용한 선박이다. 최대의 컨테이너 수를 적재해 정박 시간을 단축해 가동률을 높이는 장점이 있다.

〈그림 3-14〉 HRCI 추이

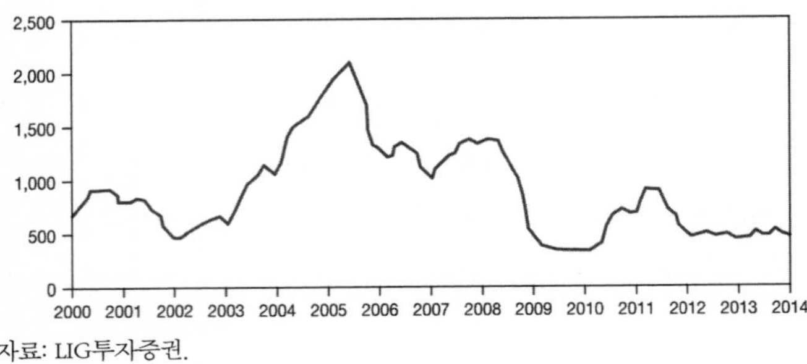


자료: LIG투자증권.

가는 배는 컨테이너선이 많다.

그런데 이 두 지수의 움직임이 엇갈릴 때가 있다. 2009년 2분기에 원자재를 실어 나르는 배값인 BDI는 200% 넘게 상승했지만 완제품을 실어 나르는 배값인 HRCI는 오르지 않았다. HRCI가 정체 상태에 놓여 있다는 것은 민간 소비재가 팔리지 않았다는 것을 뜻한다. BDI는 상승했지만 가계 소비를 통한 경기회복으로는 이어지지 않은 상태다. 따라서 BDI뿐 아니라 HRCI가 함께 반등해야 원자재 수요가 제품 소비로 이어지며 실제 경기회복이 이뤄진다고 볼 수 있다. HRCI는 2013년 10월 9일 기준 510으로 연초 대비 11% 상승했지만 BDI 상승률에는 크게 못 미쳤다.

석유를 운송하는 유조선의 운임도 해운운임지수로 많이 사용된다. 유조선 운임지수(WS: World Scale rate)는 발틱해운거래소에서

'더티탱커(Dirty Tanker)'지수와 '클린탱커(Clean Tanker)'지수로 구분해 발표된다. 더티탱커지수는 원유나 중유를 운송하는 유조선 운임지수로 17개의 항로가 있다. 클린탱커지수는 가솔린, 나프타 등 정제유를 운송하는 유조선 운임지수로 7개 항로가 있다. 영문 글자를 따서 '발틱더티탱커지수(BDTI: Baltic Dirty Tanker Index)'와 '발틱클린탱커지수(BCTI: Baltic Clean Tanker Index)'로 부른다.

런던 발틱해운거래소에 맞서 중국도 '상하이판 BDI'를 속속 내놓았다. 상하이해운거래소가 개발한 지수로 상하이컨테이너운임지수(SCFI), 중국연해석탄운임지수(CBCFI), 중국수입벌크운임지수(CDFI) 등이 있다. 우리나라도 해운거래정보센터에서 아시아 지역 항로를 중심으로 한 건화물운임지수(MEIC)를 자체 개발 중이라고 한다.

호주 뉴캐슬 항구의 평균 대기시간도 해운 시황의 유용한 지표로 활용된다. 철광석 수출 산지인 호주의 뉴캐슬 항구에서 배들이 대기하는 시간이 늘어나면 그만큼 물동량이 늘어난다는 의미다.

☞ **HRCI에 관한 더 많은 정보는 …**

- http://www.kmi.re.kr/Hrci.do?command=List
- http://www.shipbroking.com
- http://www.ksg.co.kr/statistics/hrci_list.jsp

☞ WS에 관한 더 많은 정보는 …

· www.balticexchange.com

### 3) 중고선과 신조선 가격

BDI 움직임과 관련해 주목해야 할 또 다른 지표는 중고선의 거래가격이다.

중고선 가격은 신조선보다 해운 운임의 영향을 많이 받는다. 신조선은 계약 이후 2~3년 뒤에 인도 받지만 중고선은 바로 운임을 벌어들일 수 있기 때문이다.

해운 업황 변화로 중고선가가 움직이면 이후 신조선가가 같은 방향으로 움직인다. 이때 중고선가에서 신조선가를 차감한 차이(스프레드)는 BDI 추이와 비슷하게 나타난다. 중고선가는 해운시장이 호황기에 접어든 2007년 신조선가를 뛰어넘었다. 영국의 조선·해운 시황 분석기관인 클락슨(Clarkson)이 발표한 2007년 12월 선가지수를 비교해보면 중고선가지수는 227로 184였던 신조선가지수와의 격차가 컸다. 2008년 BDI가 사상 최고치를 갈아치울 때 중고선가·신조선가 스프레드도 최고치를 나타냈다. 헌 배값이 새 배값보다 훨씬 비싼 이상 현상이 벌어진 이유는 화물은 넘치는데 실어 나를 배는 부족했기 때문이다.

2008년 5월을 고점으로 BDI가 폭락한 이후 중고선가도 신조선가 밑으로 내려왔다. 2008년 말 기준 중고선가지수는 142, 신조선가지수는 179를 나타냈다. 불황으로 신조선가도 하락했지만 중고선가가 더 가파르게 떨어졌기 때문이다. 2008년 10월 이후 약 1년 6개월 동안 클락슨이 중고선가 발표를 중단할 정도로 정상적인 중고 거래를 찾아보기 힘들어졌다.[36)]

중고선 거래를 잘 이용해 해운 강국으로 올라선 국가가 그리스다. 그리스 선주들은 제2차세계대전 뒤 중고선 매입을 늘리기 시작했다. 1950년대부터 노후한 선박을 싼값에 지속적으로 사들인 뒤 이후 세계 물동량이 늘어나 중고선가가 상승하자 선박을 되팔아 엄청난 차익을 얻었다. 부자가 된 그리스 선주들은 2000년대 들어 신조선을 한국 조선소 등으로 대량 발주하며 해운업의 패권을 장악했다.

최근 BDI가 반등하면서 중고선가도 꿈틀거렸다. 2012년 100선마저 무너졌던 중고선가지수는 2013년 들어 조금씩 반등해 10월 6일 기준 106으로 올라섰다.

월간 단위로 2012년 11월 이후 126에서 꿈쩍도 안하던 신조선가지수는 2013년 7월 들어 반등했다. 거의 2년 만에 반등에 성공한

---

36) 성기종, 『중고선가격으로 바라본 조선 시황』(대우증권 리서치센터, 2010), 21쪽.

〈그림 3-15〉 신조선가 지수

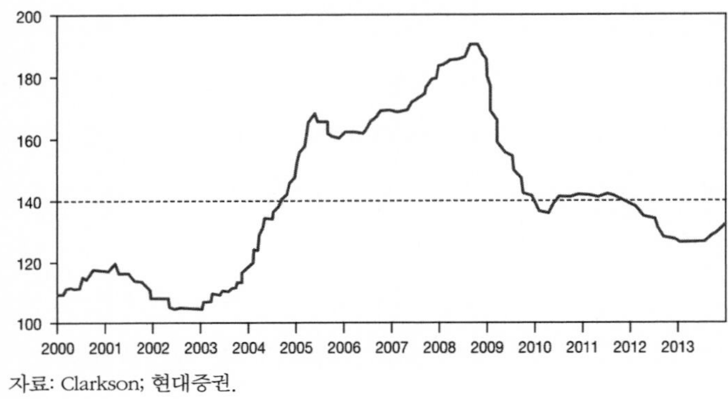


자료: Clarkson; 현대증권.

신조선가지수는 10월 첫째 주에 130을 회복했다. BDI → 중고선가 → 신조선가 순으로 가격 반등이 이뤄졌지만 추세가 바뀐 것으로 해석하기에는 이르다. 시장에서는 선박의 수급 개선 여부, 신조선가와 중고선가의 격차, 신조선가의 본격 반등 여부 등에 주목한다.

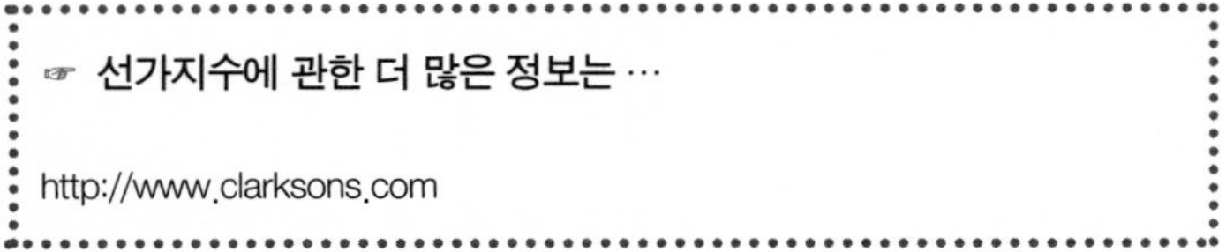

☞ **선가지수에 관한 더 많은 정보는 …**

http://www.clarksons.com

# 참고문헌


곽현수. 2013. 『미국 고용의 문제점』. 신한금융투자 리서치센터.

김경근. 2011. 『한국 CDS Index 제대로 활용하기』. LIG투자증권.

김권식·김병준. 2010. 『금융위기와 신흥국 채권 스프레드의 과잉반응』. 한국증권학회.

김세중. 2011. 『GSR 40 이하, 투기자금 이동 신호이다』. 신영증권.

김승현 외. 2012. 『환율 A to Z』. 대신증권.

김윤경·윤인구. 2013. 『최근 미 CDS 급등 배경 및 시사점』. 국제금융센터.

김진성 외. 2013. 『글로벌 금융경제』. 우리금융경영연구소.

김홍태. 2013. 『원자재가격 변동 요인 및 향후 전망』. KB금융지주경영연구소.

도시마 이쓰오. 2009. 『황금』. 김정환·강호원 옮김. 랜덤하우스코리아.

박무현. 2013. 『BDI 상승이 곧 Dry bulk 시황 개선은 아니다』. 이트레이드증권.

박소연. 2013. 『디플레이션 파이터』. 한국투자증권.

박승영. 2012. 『ProtestersⅣ』. 토러스투자증권.

박환일. 2011. 『부상하는 상품시장 현황과 활용방안』. 삼성경제연구소.

성기종. 2010. 『중고선가격으로 바라본 조선 시황』. 대우증권 리서치센터.

성연주. 2013. 『중국 두 개의 PMI지수』. 대신증권.

염상훈. 2008. 『EMBI+ 스프레드 급등에 관하여』. SK증권.

______. 2012. 『ISM 제조업지수』. SK증권.

오정석. 2011. 『국제 원자재시장 동향 및 주요 이슈』. 국제금융센터.

오태동. 2013. 『미국, 고용 있는 경기회복의 역설』. LIG투자증권 리서치본부.

유승경. 2009. 『달러 위기론과 국제통화질서의 현주소』. LG경제연구원.

유승선 외. 2008.「국내외 경제지표 해설」. 국회예산정책처.

유재호. 2009.『미국 주택시장』. 키움증권리서치센터.

윤영교. 2013.『원유, 금, 구리, 인플레이션 그리고 정책』. IBK투자증권.

이경수. 2009.『원자재가격 및 BDI 급등에 대한 동상이몽』. 토러스투자증권.

이규원. 2011.『은 가격의 상승 모멘텀은 무엇일까』. 우리선물.

이다슬. 2013.『상대적으로 보는 금의 가치』. 한국투자증권.

이승수. 2008.『한국물 CDS 스프레드, 난장이가 쏘아 올린 작은 공?』. 유진투자증권.

이승우 외. 2009.『시장 따라잡기』. 대우증권리서치센터.

이승재. 2011.『CDS를 통해 본 프랑스에 대한 우려감』. 대신증권.

이승호. 2011.『금 가격의 미래』. 대신증권.

이원재. 2012.『노아의 방주, 금은에 올라타라』. SK증권리서치센터.

이원재·고봉종. 2011.『은의 시대 도래』. SK증권.

이재만·조병현. 2012.『소통, 시장과 대화가 필요하다』. 동양증권리서치센터.

이정훈. 2013.『BDI 상승 배경과 시사점』. 우리금융경영연구소.

이지평. 2010.『금값에 담겨있는 세계경제의 고뇌』. LG경제연구원.

조병현. 2011.『글로벌 리스크 인덱스를 이용한 지수 전망』. 동양증권.

조용현. 2011.『불안한 CDS와 Divergence 기대 약화』. 하나대투증권.

허인·강은정. 2011.『글로벌 금융위기와 최근의 국제유가 변동요인 비교 및 시사점』. 대외경제정책연구원.

GE Christenson. 2013. *Silver: The GSR Bottom Finder*. safehaven.com.

Powell, R. 2012. "8 early warning signs inflation is percola ting".

www.marketwatch.com.
The Silver Institute. *World Silver Survey 2013*. Thomson Reuters GFMS.

http://data.bls.gov/cgi-bin/surveymost?bls

http://www.ows.doleta.gov/unemploy/wkclaims/report.asp

지은이 **한광덕**

연세대학교 신문방송학과를 졸업하고 연세대 언론홍보대학원에서 저널리즘 석사학위를 받았다. 대학원 과정에서 금융공학 등 경제대학원 과목을 함께 이수하며 경제저널리즘 연구에 초점을 맞췄다. ≪한겨레신문≫에 입사해 편집부와 한겨레21부를 거쳐 ≪르몽드디플로마티크≫ 한국판 편집장과 ≪이코노미인사이트≫ 편집장을 역임했다. 한겨레 경제부 금융팀에서 선임기자로 일했고 현재 한겨레 부에디터이다. ≪한겨레신문≫에 "한광덕 기자의 투자길라잡이", ≪한겨레21≫에 "구시렁 경제" 칼럼을 각각 연재했다.

한울아카데미 1646
**리스크 온 리스크 오프, 경제신호등을 지켜라**


지은이 • 한광덕
펴낸이 • 김종수
펴낸곳 • 도서출판 한울

책임편집 • 김현대
편집 •신유미

초판 1쇄 인쇄 • 2013년 12월 15일
초판 1쇄 발행 • 2013년 12월 30일

주소 • 413-756 경기도 파주시 광인사길 153 한울시소빌딩 3층

전화 • 031-955-0655
팩스 • 031-955-0656
홈페이지 • www.hanulbooks.co.kr
등록번호 • 제406-2003-000051호

Printed in Korea.
ISBN 978-89-460-5646-6 93320(양장)
978-89-460-4801-0 93320(반양장)

* 책값은 겉표지에 표시되어 있습니다.